HEYNE BÜCHER

Stichwort

Buddhismus

Thomas Schweer

Originalausgabe

WILHELM HEYNE VERLAG
MÜNCHEN

HEYNE SACHBUCH
Nr. 19/4015

REDAKTION:
Sabine Braun
GRAFIKEN:
Michael Lörcher
KONZEPTION UND REALISATION:
Christine Proske
(Ariadne Buchproduktion)

4. Auflage

Printed in Germany 1996
Umschlaggestaltung: Kaselow Design
Herstellung: H + G Lidl, München
Satz: Satz & Repro Grieb, München
Druck und Verarbeitung: Presse-Druck Augsburg

ISBN 3-453-06039-3

Inhalt

Die weltweite Verbreitung des Buddhismus

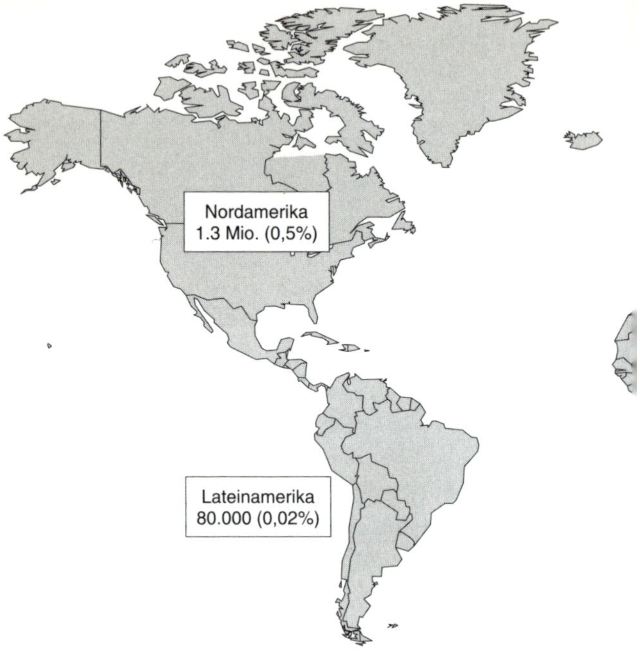

Länder mit überwiegend buddhistischen Bevölkerungsanteilen (> 40%)

Länder mit buddhistischen Bevölkerungsanteilen (2–40%)

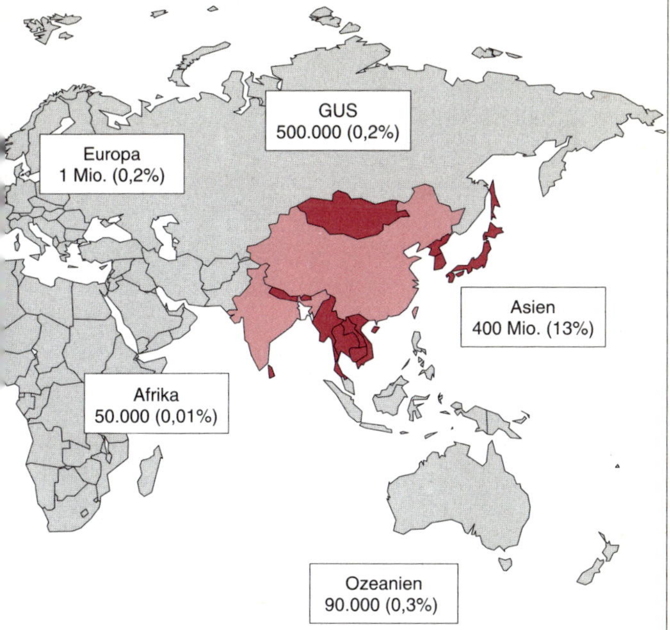

Absolute Zahlen und prozentualer Anteil

I. Religion ohne Gott?

Die ersten Kontakte des Abendlandes mit asiatischen Religionen kamen vor ungefähr 200 Jahren zustande. Lange Zeit blieb das Interesse literarischer Art und auf die akademisch gebildeten Schichten beschränkt. In das Blickfeld einer breiteren Öffentlichkeit traten hinduistische und buddhistische Gemeinschaften erst ab den sechziger Jahren dieses Jahrhunderts, als sich vor allem jüngere Menschen auf die Suche nach alternativen Lebensformen begaben. Die modernen Morgenlandfahrer zogen überwiegend nach Indien und brachten von dort die spirituelle Weisheit der hinduistischen und buddhistischen Religionsgemeinschaften mit beziehungsweise das, was sie dafür hielten. Gleichzeitig glaubten immer mehr asiatische Mönche und Meditationslehrer, die Zeit sei reif, um in Europa zu missionieren.

Sie trafen hier nicht nur auf enthusiastische Zustimmung, sondern erweckten auch alte Ängste und Vorurteile wieder zum Leben. Nicht selten wurden die östlichen Religionen als Drogenkulte und Psychosekten verdammt und ihre Vertreter als geldgierige Scharlatane. Der Buddhismus war davon nicht ausgenommen. Schon Kaiser Wilhelm II. hatte die Völker Europas aufgerufen, ihre »heiligsten Güter« gegen den Ansturm des Buddhismus zu verteidigen. Dieser wurde mit Götzendienst gleichgesetzt und als eine Religion der Resignation und des Pessimismus gebrandmarkt. Konnte ein Glaube, der ohne einen Gott auskam, ja nicht einmal ein höchstes Wesen anerkannte, überhaupt als Religion bezeichnet werden?

So einfach kann man es sich mit dem Buddhismus jedoch nicht machen. Der Buddha hat die Existenz eines Gottes niemals ausdrücklich geleugnet, sondern nur die Frage nach ihm als unwesentlich abgetan. Seine Erkenntnis von dem Leidbehafteten allen Seins führte ihn zu der

Schlußfolgerung, daß es allein darum gehen müsse, die Welt zu überwinden. Metaphysische Spekulationen darüber, wer sie geschaffen haben könnte und warum, seien nicht nur Zeitvergeudung, sondern sogar ein Hindernis bei dem Bemühen um Erlösung. Denn das Übel hat seine Wurzel in der falschen Anschauung der Wirklichkeit. Der Mensch hält sie für real und dauerhaft und unterliegt der Täuschung, er selbst habe ein ebenfalls kontinuierlich gleichbleibendes »Ich«. Wäre er dagegen zur richtigen Wahrnehmung fähig, könnte er erkennen, daß er lediglich das Produkt verschiedener Daseinsfaktoren wie Körper, Gefühl und Bewußtsein ist. Hat er dies einmal eingesehen, wird die Gottesfrage für ihn belanglos. Selbst wenn es einen Gott gäbe, könnte er den Menschen nicht von Unwissenheit und selbstverschuldetem Leid befreien.

Von dieser Ausgangsposition des Buddha sind seine Anhänger später teilweise wieder abgewichen. In der weiteren Entwicklung des Buddhismus traten Lehrmeinungen auf, die dem Übernatürlichen erneut einen Platz einräumten. Obwohl der historische Buddha nicht in den Mittelpunkt der Verehrung rückte, wogegen er sich auch stets verwahrte, konnten nun Menschen, die die Erleuchtung erlangt hatten, kraft ihrer höheren Einsicht anderen Menschen auf dem Weg behilflich sein. Manche Schulen gingen so weit, einen transzendenten Buddha anzunehmen, der sich derjenigen, die an ihn glauben, erbarmt. Es ist also irreführend, den Buddhismus allgemein als atheistisch anzusehen oder gar zu behaupten, er sei keine Religion, sondern nur eine Philosophie. Der oft als Vorwurf gebrauchte Begriff der sogenannten Selbsterlösung besagt lediglich, daß es dem Menschen möglich ist, durch eigene Anstrengung auf dem Heilsweg voranzuschreiten. Ob und wann er dabei Erfolg hat, liegt aber nicht in seiner Hand.

Auch der Vorwurf, der Buddhismus sei eine pessimistische Religion, hält einer näheren Betrachtung nicht stand. Das Leben wird als leidvoll angesehen, weil es selbst in seinen glücklichen Momenten unbeständig ist. Aber die Gewißheit, daß es einen Ausweg aus dieser Situation gibt, hilft einem Buddhisten, dieses Leiden mit innerer Distanz und gelassener Heiterkeit zu ertragen. In seiner Weigerung, der Welt eine Möglichkeit des Heils zuzuerkennen, ist ein Buddhist radikal pessimistisch, nicht aber in der Art und Weise, wie er sein gegenwärtiges Leben gestaltet.

Andererseits kann vom Buddhismus nicht die Lösung aller Probleme erwartet werden, wie es manche seiner überschwenglichen Fürsprecher vor allem im Westen bisweilen tun. Sie lokalisieren die Ursachen für soziale, politische, ökonomische und ökologische Mißstände in einem fehlgeleiteten Wirklichkeitsverständnis und meinen, bei einer richtigen Wahrnehmung der Dinge und seiner selbst könne der Mensch die gegenwärtig in der Welt existierenden Probleme bewältigen. Eine solche Auffassung ist allerdings ebenso einseitig wie die auf Unkenntnis beruhende Verurteilung des Buddhismus. Buddhistische Lehre und Praxis vermögen dem einzelnen zu helfen, sein Leben zu meistern – genauso gut oder genauso schlecht, wie dies andere Religionen können. Ein Mittel zur Weltverbesserung ist der Buddhismus jedoch nicht, und er will es von seinem Selbstverständnis her auch gar nicht sein.

II. Die Entstehung des Buddhismus

Während seiner 2500jährigen Geschichte erfuhr der Buddhismus eine Reihe einschneidender Veränderungen. Die Ausbreitung in andere Länder erforderte eine Anpassung an die dortigen Traditionen und Gebräuche, was mehrfach neue Interpretationen der Lehre zur Folge hatte. Heute gibt es eine Fülle verschiedener Schulrichtungen, die zwar eine gemeinsame Grundlage haben, aber sich in bestimmten Punkten wesentlich unterscheiden. Doch für alle gilt unzweifelhaft, daß der Buddha die Ursachen des menschlichen Leidens erkannt und damit einen Weg zu dessen Überwindung gewiesen hat.

1. Indien zur Zeit des Buddha

Das heutige Indien wurde ab ca. 1500 v. Chr. von indoeuropäischen Einwanderern besiedelt. Vom südlichen Zentralasien aus drangen sie in die Gangesebene vor und bildeten dort zahlreiche kleine Königtümer, die sich oft gegenseitig bekämpften. Eine der Besonderheiten der Indoeuropäer, die sich zur Abgrenzung von der unterworfenen, dunkelhäutigen Urbevölkerung Arier (die Edlen) nannten, war die Einteilung der Gesellschaft in drei verschiedene Gruppen:

- Priester *(Brahmanen)*
- Krieger *(Kshatriyas)*
- Händler und Bauern *(Vaishyas)*

Später kamen als vierte Gruppe die einfachen Arbeiter und Handwerker *(Shudras)* hinzu. Sie waren überwiegend Angehörige der assimilierten, nichtarischen Bevölkerung. Jede Gruppe hatte ihre speziellen Aufgabenbereiche, ihre Rechte und Pflichten waren genau festgelegt und streng voneinander getrennt. Die Art der Berufsausübung wurde dadurch ebenso reglementiert wie die Wahl eines Ehepartners. Spanische und portugiesische Kaufleute bezeichneten im 15. Jahrhundert diese Gruppen als *Kasten*. Das Kastensystem hat sich bis in unsere Zeit erhalten und ist immer noch die bestimmende Grundlage der indischen Sozialordnung.

Die Quelle für diese frühe Periode der indischen Geschichte ist der *Veda* (das Wissen). Er umfaßt vier eigenständige Textsammlungen und handelt von der Entstehung der Welt, der kosmischen Ordnung und der Bedeutung der verschiedenen Gottheiten. Anhand dieser Texte vollzogen die Priester die komplizierten Opferhandlungen, bei denen es in erster Linie darum ging, die Götter freundlich zu stimmen und für die Belange der Menschen zu gewinnen. Dazu war die genaue Befolgung von Verhaltensvorschriften und die korrekte Aussprache einzelner Wörter nötig. Da nur die Priester das hierfür erforderliche Wissen besaßen, wuchs ihnen im Laufe der Zeit eine immer größere Macht zu. Eine Reaktion auf die zunehmende Ritualisierung der Religion war die Suche einzelner nach persönlicher Erfahrung. Sie wandten sich

Yoga

Der Begriff ist sinnverwandt mit dem deutschen Wort »Joch«. In seinem technischen Aspekt bedeutet Yoga, alle körperlichen und geistigen Kräfte »anzujochen«, um das *Samadhi* (Erleuchtung) zu erreichen und nicht mehr wiedergeboren zu werden. Dazu wurden verschiedene Askese- und Meditationsmethoden entwickelt. Die theoretischen Grundlagen dafür finden sich in der Yoga-Lehre, die eine der sechs altindischen philosophischen Schulen ist. Im Westen ist meistens nur das auf den Körper bezogene Yoga (Hatha-Yoga) bekannt.

Upanishaden

Die wörtliche Bedeutung ist »zu Füßen sitzen«, das heißt, ein Schüler sitzt bei seinem Lehrer (*Guru*) und wird über religiöse Dinge unterrichtet. Dabei ging es zumeist um die Einheit von Brahman und Atman und um die Wege zu diesem Ziel. Der Opferdienst der Brahmanen wurde durch das Nachdenken über die Befreiung des einzelnen ersetzt. Da die Texte der Upanishaden später als die des Veda entstanden, werden sie auch zusammengefaßt als *Vedanta* bezeichnet (Ende des Veda). Die Vedanta-Lehre ist wie die Yoga-Lehre eines der alten indischen Philosophiesysteme.

als Einsiedler und Asketen von den verfestigten Glaubensformen ab und begründeten eine spekulative Mystik.

In den ab 1200 v. Chr. entstandenen Texten, den *Upanishaden*, fand die neue Lehre ihren Niederschlag. Der Kernpunkt dieser Texte ist die Einheit von *Brahman* und *Atman*. Brahman ist die unpersönliche Ursache aller Erscheinungsformen, Atman das innerste Wesen des Menschen. Um das Endziel, das Eingehen des Atman in das Brahman, zu erreichen, war eine Abkehr vom Diesseits notwendig. Das Leben galt jetzt als Belastung, von der man sich befreien mußte. Im Geburtenkreislauf (*Samsara*), der durch die Auswirkungen von guten und schlechten Taten (*Karma*) in Gang gehalten wird, bleibt der Mensch so lange gefangen, bis er zur Erkenntnis seiner wesensmäßigen Einheit mit dem Absoluten gelangt. Die Mittel zu diesem Zweck waren Rückzug in die Einsamkeit, Studium der heiligen Schriften, asketische Übungen und intensive Meditationen. In der Yoga-Lehre wurden diese Mittel systematisiert. Natürlich war dies nur ein Weg für wenige, der Großteil der Gläubigen hielt sich an die überlieferte Religion des Veda, deren Garanten die Brahmanen waren. Aber die neue Lebensform hatte sich etabliert und war ein fester Bestandteil der religiösen Vorstellungen geworden.

2. Das Leben des Buddha

Wie fast jeder Religionsstifter hat auch der Buddha seine Lehre nicht selbst schriftlich niedergelegt. Erst nachdem Schüler seine Aussprüche über einige Jahrhunderte mündlich weitergegeben hatten, wurde der buddhistische Kanon (Zusammenstellung der maßgebenden Schriften) verfaßt. Dennoch kann von der Echtheit der Überlieferung ausgegangen werden, denn die mündliche Weitergabe ist oft sogar exakter als die schriftliche. Die Texte mußten in langen Studienjahren wortwörtlich auswendig gelernt werden und blieben so in ihrer ursprünglichen Substanz erhalten. Den Schülern kam es dabei kaum auf die Historizität der Ereignisse an. Wichtiger als nachprüfbare Fakten war ihnen die Tatsache, daß der Buddha einen neuen Weg zum Heil gewiesen hatte. Zudem hat der Buddhismus das zyklische Weltbild der Inder übernommen: Wenn alle Ereignisse in einem Kreislauf ohne Anfang und ohne Ende stattfinden und sich im Zyklus der Weltzeitalter beständig wiederholen, wird die Frage nach einer exakten Datierung unwichtig.

Über die genaue Lebenszeit des Buddha herrscht unter den Wissenschaftlern noch keine Einigkeit. Das Geburtsjahr kann man um 560 und das Todesjahr um 480 v. Chr. annehmen. In den achtzig Jahren seines Wirkens hielt der Buddha sich in relativ dicht beieinander liegenden Orten im südlichen Himalayavorland auf. Geboren wurde er in Lumbini, einem Dorf an der nepalesischen Grenze, als Sohn eines Adligen. Er erhielt den Namen Siddhartha Gautama und verbrachte seine Jugend ohne materielle Not in Kapilavastu, der Hauptstadt des Volkes der Shakya. An dessen Spitze stand sein Vater Shuddhodana Gautama. Er war zwar ein Raja (Fürst), aber er mußte dem König von Kosala Tribut zahlen. Es handelte sich also um einen jener zahlreichen Kleinstaaten im damaligen Indien. Im Alter von sechzehn Jahren wurde Siddhartha mit einer gleichaltrigen Kusine verheiratet. Doch in seinem 29. Lebensjahr, unmittelbar nach der Geburt seines Sohnes Rahula, gab er Familie und Heimat auf.

Die Gründe für den Verzicht auf eine gesicherte Existenz liegen in der Begegnung mit dem Leiden. Es wird berichtet, daß der junge Siddhartha viermal sein behütetes Heim verließ, um sich auf einer Ausfahrt zu vergnügen. Beim ersten Mal begegnet ihm ein greiser Mann, der sich mühsam an einem Stock aufrecht hält. Erschrocken fragt Siddhartha seinen Wagenlenker, ob das Altern ein für alle Menschen unabwendbares Schicksal sei. Als seine Frage bejaht wird, befiehlt er die Umkehr zum Palast. Die zweite Ausfahrt führt zur Begegnung mit einem Schwerkranken, bei der dritten erblickt Siddhartha einen Toten. Nun weiß er, daß Alter, Krankheit und Tod die unausweichlichen Folgen des menschlichen Lebens sind. Die ihm bislang selbstverständlichen Vergnügungen verlieren ihren Reiz und der Luxus eines Prinzendaseins erscheint ihm wertlos angesichts der Vergänglichkeit und der damit verbundenen Leiden. Doch als er bei seiner vierten Ausfahrt einen Bettelmönch sieht, der in heiterer Gelassenheit alles Irdische abgelegt hat, eröffnet sich ihm ein Ausweg aus seiner traurigen Verfassung. Er beschließt, sein sorgloses Leben im Wohlstand gegen die Heimatlosigkeit einzutauschen. Alles Bitten seines Vaters kann ihn davon nicht abbringen. Mittellos und nur mit dem gelben Gewand der Asketen bekleidet, macht er sich auf die Suche nach einem Lehrer.

Doch für viele Jahre bleibt die Suche vergeblich. Der Aufenthalt bei zwei Yogis verschafft ihm zwar höhere Bewußtseinszustände, aber die Ergebnisse befriedigen

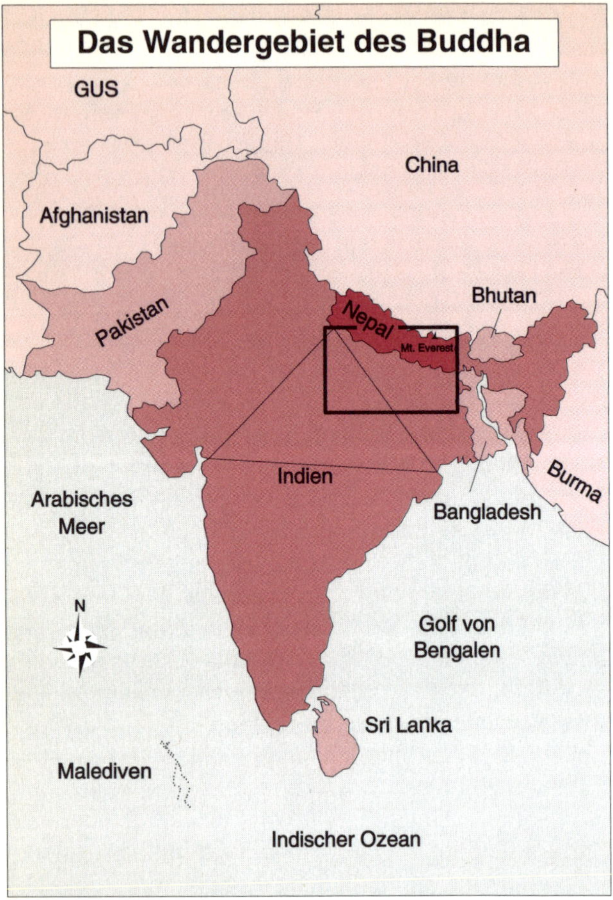

ihn nicht. Er zieht weiter und übt sich in strengster Enthaltsamkeit, die fast bis zum Tod führt, doch auch dieser Versuch bringt ihn nicht an das erhoffte Ziel.

Da erkennt er endgültig, daß die bestehenden Wege untauglich sind. Er nimmt wieder Nahrung zu sich, erholt sich von den Strapazen und läßt sich in der Nähe des heutigen Bodh-Gaya am Ufer eines Flusses unter einem

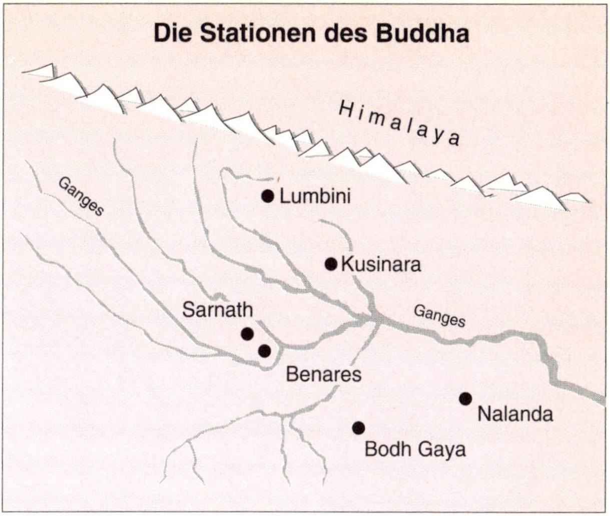

Feigenbaum nieder. Dort wird ihm in tiefer Meditation die ersehnte Erleuchtung zuteil, und fortan ist er der Buddha, der Erwachte.

Er begibt sich nun nach Benares, wo er im Gazellenhain von Sarnath vor fünf Mönchen seine erste Predigt hält. Es sind dieselben fünf Mönche, die während seiner asketischen Zeit bei ihm waren und ihn bewunderten. Als er seine harte Selbstkasteiung jedoch aufgab, trennten sie sich enttäuscht von ihm, da sie dies als ein Schwachwerden und Scheitern empfanden. Nun sind sie zunächst mißtrauisch, doch der Buddha nimmt sie durch sein Auftreten und seine Worte für sich ein. Sie sind bereit, ihn anzuhören. Seine Predigt beinhaltet die Lehre von den *Vier Edlen Wahrheiten* und vom mittleren Weg, dem zwischen den Extremen von hemmungsloser Genußsucht und harter Selbstzucht. Es ist eine Lehre für alle Menschen, über die Kastengrenzen hinweg. Zum Zeitpunkt der Erleuchtung war der Buddha etwa 35 Jahre alt. In den folgenden 45 Jahren bis zu seinem Tod zieht er predigend durch das nördliche Indien und gewinnt immer mehr Anhänger. Sie leben von Almosen und verbringen die Regenzeit in Unterkünften, die ihnen von Gönnern zur Verfügung gestellt werden. Die Erkennungsmerkmale der neuen Mönchsgemeinschaft sind der kahlgeschorene Kopf, die gelbe Robe und das dreimalige Rezitieren der *Zufluchtsformel:*

»Ich suche meine Zuflucht beim Buddha, ich suche meine Zuflucht beim *Dharma* (der Lehre), ich suche meine Zuflucht beim *Sangha* (der Gemeinde).«

Die buddhistischen Texte erzählen von zahlreichen Gelegenheiten, bei denen der Buddha die Tugenden der mitleidsvollen Anteilnahme am Schicksal anderer, der Bereitschaft, seinen Gegnern zu verzeihen, der Fähigkeit zur Friedensstiftung zwischen verfeindeten Parteien und des Einfühlungsvermögens als Lehrer zeigte.

Als er achtzigjährig in Kushinara an einer Lebensmittelvergiftung stirbt, ist die Gemeinde bereits so weit etabliert, daß sie auch ohne ihren Meister weiterbestehen kann. Der Buddha stellte stets die Lehre in den Mittelpunkt und betonte die Vergänglichkeit aller irdischen Erscheinungen. Nicht ihm sollten die Jünger folgen, sondern allein dem *Achtfachen Pfad* zur Heilsgewinnung.

III. Die buddhistische Lehre

Es ist ein müßiges Unterfangen, nach einem »Urbuddhismus« zu suchen, wie es einige Gelehrte immer wieder getan haben. Dies führt nur zu einseitigen Interpretationen und zur Ausscheidung wichtiger Bestandteile der Glaubenspraxis. Auch die Buddhisten selbst sind, je nach Schulzugehörigkeit, nicht einer Meinung, was nun als die authentische Lehre des Buddha zu gelten habe. Deshalb kommt es darauf an, den Buddhismus in seiner heute existierenden Form und in seinen verschiedenartigen Ausprägungen wahrzunehmen.

1. Die Vier Edlen Wahrheiten

Die für alle Buddhisten gültige, gemeinsame Grundlage der Lehre (Dharma) besagt, daß es Vier Edle Wahrheiten gibt: die Art des Leidens, die Entstehung des Leidens, die Überwindung des Leidens und der Weg, der zu dieser Überwindung führt. Der Mensch weiß zwar, daß er regelmäßig in Situationen gerät, die Leiden verursachen, aber in den Zeiten, in denen es ihm gutgeht, vergißt oder verdrängt er diese Tatsache. Eben weil der Drang nach Leben stärker ist als der Wunsch, sich von den zugrundeliegenden Ursachen endgültig zu befreien. Denn in letzter Konsequenz bedeutet die Erkenntnis des Leidens, daß das Leben selbst als nicht erstrebenswert angesehen werden muß. Zu diesem Ergebnis waren bereits die hinduistischen Wahrheitssucher der nachvedischen Epoche gelangt. Doch ihre asketischen Bemühungen waren vom Buddha als untaugliches Mittel erkannt worden. Solange man die wahren Gründe für die Fortdauer der menschlichen Existenz nicht durchschaut, bleibt man an das Rad der Wiedergeburten gefesselt. Erst die meditativ gewonnene Einsicht, daß es nicht einmal das Selbst der Upani-

Die Vier Edlen Wahrheiten

1. Was ist das Leiden? Geburt ist Leiden, Alter ist Leiden, Krankheit ist Leiden, Tod ist Leiden. Das Verbundensein mit Ungeliebtem ist Leiden und das Getrenntsein von Liebem ist Leiden. Ebenso ist die Nichterfüllung von Wünschen und Vorstellungen Leiden. Die fünf Gruppen der Daseinsfaktoren *(Skandhas)*, der Körper, die Empfindungen, die Wahrnehmmungen, die Triebkräfte, das Bewußtsein, sind Leiden. Solcherart ist das Leiden.
2. Wie entsteht das Leiden? Durch den Lebensdurst, der von Wiedergeburt (*Inkarnation)* zu Wiedergeburt führt und der mit Freude und Leidenschaft verbunden ist. Also der Durst nach Lust, nach Werden und nach dem Aufhören des Werdens. Auf solche Art entsteht das Leiden.
3. Wie kann das Leiden beendet werden? Durch die Unterdrückung und völlige Aufhebung des Lebensdurstes, der von Wiedergeburt zu Wiedergeburt führt und mit Freude und Leidenschaft verbunden ist. So wird das Leiden aufgehoben.
4. Welches ist der Weg zur Aufhebung des Leidens? Es ist der Heilige, Achtfache Pfad des rechten Verstehens, rechten Denkens, rechten Redens, rechten Handelns, rechten Lebens, rechten Strebens, rechten Gedenkens und rechten Sichversenkens.

shaden (*Atman*) gibt, befreit von allen falschen Vorstellungen und damit von der ewigen Wiederholung des Leidens. Einer der grundlegenden Unterschiede zwischen Buddhismus und Hinduismus besteht demnach darin, daß der Buddhismus jede Annahme eines substantiellen Seins einschließlich der Seele ablehnt.

Statt dessen zergliedert er die gesamte Erscheinungswelt in Gruppen unterschiedlicher Faktoren, deren jeweiliges Zusammenspiel all das hervorbringt, was mit den Sinnen wahrgenommen werden kann. Nach der Formel des »abhängigen Entstehens« gibt es zwölf miteinander verbundene Seinsmomente:

1. Das Nichtwissen
2. Die schicksalsbestimmenden Kräfte
3. Das Bewußtsein
4. Die körperlichen und geistigen Elemente eines Menschen
5. Die sechs Sinnesorgane (auch das Denken wird zu den Sinnesorganen gezählt)
6. Die Berührung der sechs Sinnesorgane mit der Außenwelt
7. Die durch die Berührung mit der Außenwelt ausgelösten Empfindungen
8. Der Lebensdurst, insbesondere der Sexualtrieb
9. Das Streben nach Lebenszielen
10. Das Erzeugen von Karma, das eine neue Existenz verursacht
11. Die Wiedergeburt
12. Alter und Tod

Das Nichtwissen (1) und die schicksalsbestimmenden Kräfte (2) sind die Ursachen der gegenwärtigen Existenz und schaffen die Seinsmomente 3–7, während 8–10 wiederum zu einer erneuten Geburt (11) und der Wiederholung des Kreislaufs (12) führen. Alle zwölf Momente sind wie die Glieder einer Kette miteinander verbunden, ohne daß eine erste Ursache bestimmt werden könnte, mit der alles angefangen hat. Nur in ihrem Zusammenwirken entsteht das, was der Mensch als Wirklichkeit auffaßt. Sobald das Nichtwissen schwindet, wird die wahre Natur der Dinge offenbar.

Das Schema des Lebensrads, ein Motiv des tibetischen

Buddhismus, veranschaulicht den Kausalzusammenhang des abhängigen Entstehens und seine Folgen. In der Radnabe werden die drei Grundübel dargestellt: die Gier (symbolisiert durch einen Hahn), der Haß (symbolisiert durch eine Schlange) und die Verblendung (symbolisiert durch ein Schwein). Sie beißen sich gegenseitig in den Schwanz, weil das eine das andere bedingt, und alle drei zusammen das Rad des Lebens in Bewegung halten.

In dem Ring zwischen der Nabe und den fünf großflächigen Segmenten sind Heilige zu sehen, die der Glückseligkeit entgegengehen, und unwissende Menschen, die von Dämonen in neue Existenzen gezerrt werden.

Die fünf durch die Radspeichen getrennten Segmente sind die Daseinsbereiche, in die der Mensch so lange hineingeboren wird, wie er Gier, Haß und Verblendung nicht überwunden hat:

A Die Menschenwelt ist bestimmt von Egoismus, Begierden, Krankheit, Alter und Tod.

B In der Welt der Geister herrschen Hunger und Durst. Der Buddha hat das Vorhandensein von Göttern und Dämonen nicht geleugnet, ihnen aber keine Bedeutung beigemessen.

C Zorn und Haß führen die Menschen in den Höllenbereich, wo sie große Qualen erleiden müssen.

D Die Tiere werden vom Menschen gejagt und fressen sich gegenseitig.

E In das Reich der Götter gelangen diejenigen, die genügend gutes Karma erworben haben. Aber auch die Götter sind nicht frei von Verblendung, weil sie ihre Existenzform für ewig halten, weshalb sie irgendwann in niedrigeren Bereichen wiedergeboren werden. Außerdem liegen sie in ständigem Kampf mit den Titanen oder Halbgöttern, die ihnen das Glück mißgönnen. Manche Darstellungen des Lebensrads teilen den Halbgöttern einen eigenen sechsten Bereich zu.

Diese Daseinsbereiche können auch als Bereich der Taten (A), der unbefriedigten Begierden (B), der ständigen Qual (C), der Furcht (D) und des Genusses (E) gesehen werden.

Der äußere Ring zeigt die zwölf Seinsmomente:

1. Eine blinde Frau (Nichtwissen)
2. Einen Töpfer bei der Arbeit (Schicksalskräfte)
3. Einen fressenden Affen (Unruhiges Bewußtsein)
4. Ein Schiff mit Besatzung (Körper und Geist)
5. Ein Haus mit sechs Fenstern (Sechs Sinnesorgane)
6. Ein Liebespaar (Sinneskontakt mit der Außenwelt)
7. Einen Mann mit einem Pfeil im Auge (Empfindungen)
8. Einen Trinker (Lebensdurst)
9. Einen Früchtesammler (Streben nach Lebenszielen)
10. Eine schwangere Frau (Erzeugen von Karma)
11. Eine Gebärende (Wiedergeburt)
12. Eine Leiche (Alter und Tod)

Das ganze Rad wird von einem Dämon in den Klauen gehalten, der die Zeit und das Illusionäre der Erscheinungswelt verkörpert. Einen Ausweg aus dem endlosen Zyklus von Leiden und Wiedergeburten weist der Buddha, der häufig innerhalb und außerhalb des Rads abgebildet ist.

2. Das Menschenbild

Der Mensch ist nach buddhistischem Verständnis nicht das einheitliche Ganze, als das er in der westlichen Betrachtungsweise angesehen wird. Er hat keine eigentliche Persönlichkeit, sondern ist aus den fünf *Skandhas*, Körper, Empfindungen, Wahrnehmungen, Triebkräfte und Bewußtsein, zusammengesetzt, die in ihrer Gesamtheit das illusionäre Gefühl eines Ichbewußtseins vermitteln.

Da ist zunächst der Körper. Minutiös werden seine einzelnen Bestandteile aufgezählt: Kopfhaare, Körperhaare, Nägel, Zähne, Haut, Sehnen, Knochen, Mark, Nieren, Herz, Leber, Schleimhäute, Milz, Lunge, Eingeweide, Magen, Hirn, Galle, Verdauungssäfte, Eiter, Blut, Fett, Tränen, Schweiß, Speichel, Urin usw. Aus den neun Körperöffnungen – Augen, Ohren, Nasenlöcher, Mund, Harnröhre und Darm – fließen ständig schmutzige Stoffe. Indem sich der Schüler dieses vor Augen führt, kann er verstehen lernen, daß der Körper eine bloße Hülle und eine Ansammlung von Unrat ist.

Ebenso unwirklich sind die Empfindungen und Wahrnehmungen, die durch den Körper ausgelöst werden. Formen, Farben, Gerüche oder Töne haben keine eigene Realität, genausowenig wie Gefühle, Erinnerungen oder Gedanken. All dies schafft in Verbindung mit den Triebkräften wie Hunger, Durst, Zuneigung oder Haß das menschliche Bewußtsein, die Einbildung, ein Ich zu besitzen. Tatsächlich aber sind die fünf Daseinsfaktoren in einem beständigen Wandel von Werden, Bestehen und Vergehen begriffen und von ihrem jeweiligen Zusammenspiel abhängig.

Am Beispiel eines Schmerzgefühls läßt sich das verdeutlichen. Ein verletzter Körperteil ist anfangs nicht mehr als eine physische Störung. Darauf folgt die Empfindung des Schmerzes, dann die Wahrnehmung der betroffenen Stelle. Als nächstes wehren sich die Triebkräfte, etwa durch Angst vor den Ursachen des Schmerzes. Das Bewußtsein schließlich identifiziert sich mit dem Schmerzgefühl. Doch wenn es in der Lage wäre, die einzelnen Stufen genau zu unterscheiden und die vollkommen unpersönlichen Elemente Körper, Empfindung, Wahrnehmung und Triebkraft als das zu erkennen, was sie sind, würde es verstehen, daß es ein Irrtum ist, zu sagen: »Ich habe Schmerzen«.

Da der Buddhismus das Problem nicht in der Befindlichkeit des Ich, sondern im Ichbewußtsein selbst sieht, ist ein Vergleich mit der Psychoanalyse, wie er des öfteren angestellt wird, unzutreffend. Denn es gibt eben nichts, was es wert wäre, auf der Couch eines Therapeuten zur Sprache zu kommen. Statt die Gründe für gegenwärtige Schwierigkeiten in der Vergangenheit zu suchen – etwa in traumatischen Kindheitserlebnissen – und durch eine Bewußtmachung verdrängter Erinnerungen zu beseitigen, setzt der Buddhismus an der Wurzel des Übels an: den Glauben an einen unveränderlichen Wesenskern im Menschen.

3. Die Wiedergeburt

Unaufhörlich entsteht etwas Neues, kein Augenblick gleicht dem vorhergehenden. Die Körperzellen, Gedanken und Gefühle eines Menschen pulsieren in jeder Sekunde und schaffen unwiederholbare Konstellationen. Im Laufe des Lebens wird dies ganz deutlich: Ein Mensch ist im Alter ein anderer als in seiner Jugend, sowohl was seinen Körper angeht als auch in der Art seiner Wahrnehmungen und Empfindungen und seines Denkens. Die scheinbare Kontinuität entsteht durch die Kette aufeinanderfolgender Abläufe, die sich gegenseitig bedingen und in ihrer Gesamtheit den Bewußtseinsstrom bilden. Dieser Bewußtseinsstrom ist wie die Flamme einer Kerze. Das Wachs (der Körper und seine Empfindungen) nährt die Flamme (das Bewußtsein), bis es aufgezehrt ist. Obwohl Kerze und Flamme von außen betrachtet immer die gleichen zu sein scheinen, ändern sie sich doch beständig. Ist die Kerze heruntergebrannt, entzündet die Flamme eine neue. Dieser Prozeß setzt sich so lange fort, wie es den Lebensdurst gibt. Was von Inkarnation zu Inkarnation wiederkehrt, ist also lediglich der Bewußtseinsstrom, der vom Drang nach Gestaltung in Gang gehalten wird.

Wann und in welcher Form die Wiedergeburt erfolgt, wird durch das Karma eines Menschen entschieden. Das Karma (wörtlich: »Tat«) ist die Gesamtsumme aller guten und schlechten Handlungen, Gedanken und Willensregungen während eines Lebens. Dabei kommt es weniger darauf an, was jemand durch sein Verhalten bewirkt, sondern in welcher Absicht er etwas tut. Wer einem anderen Menschen helfen will, aber ihm zum Beispiel durch Ungeschicklichkeit schadet, hat kaum oder gar kein schlechtes Karma auf sich geladen. Umgekehrt führt eine gute Tat, die unabsichtlich oder aus Berechnung geschieht, nicht zu gutem Karma. Was ein Mensch denkt, wirkt sich entweder direkt oder langfristig durch die Verfestigung seiner Vorstellungen aus, die dann irgendwann zu einem entsprechenden Handeln führt. Vereinfacht gesagt ist bzw. wird der Mensch das, was er denkt. Die Wiedergeburten sind also die zwangsläufige Folge einer endlosen Verkettung von Gedanken und der daraus resultierenden guten oder schlechten Verhaltensweisen.

Die Auswirkungen des Karma werden jedoch nicht als Strafe im moralischen Sinne angesehen. Sie sind eine natürliche Folge, so wie eine Verletzung das Resultat einer Unachtsamkeit sein kann. Es gibt kein höheres Wesen, das die Menschen belohnt oder straft, sondern jeder ist für seine körperliche Verfassung und seine soziale Stellung selbst verantwortlich. Zwar kennt der spätere Buddhismus Himmel- und Höllenwelten, aber sie sind nicht ewig. Eine Fülle positiven Karmas kann zu einer Wiedergeburt im Reich der Götter führen, aber auch ein Gott ist nicht unsterblich. Wenn der Vorrat an Verdiensten aufgebraucht ist, steht eine neue Wiedergeburt bevor. Himmel und Hölle sind lediglich Durchgangsstationen. Götter, Dämonen, Tiere und Menschen unterliegen dem gleichen Gesetz des Leidens und müssen zu einem bestimmten Zeitpunkt sterben. Gegenüber einem Menschen ist ein Gott sogar schlechter gestellt, denn er hat nicht die Möglichkeit, die Lehre des Buddha zu vernehmen. Sie allein jedoch bietet einen Ausweg aus den leidvollen Existenzen.

Als Mensch geboren zu werden, ist deshalb ein außerordentlich großes Glück. Wer dieses leichtfertig verspielt und zu viel negatives Karma anhäuft, muß damit rechnen, in einer niederen Daseinsform wiedergeboren zu werden. Die Chancen, erneut die Menschenwelt zu betreten, sind dann sehr gering. Nach einem buddhistischen Gleichnis ist es wahrscheinlicher, daß eine einäugige Schildkröte, die alle hundert Jahre einmal auftaucht, den Kopf zufällig durch einen ins Wasser geworfenen Ring steckt. Doch auch die Zeit, die in nichtmenschlichen Regionen verbracht werden muß, geht einmal zu Ende, wenn es auch unermeßlich lange dauern kann.

Wie es zu der Entstehung des Karma-Gesetzes kam, hat der Buddha nie erläutert. Er lehnte grundsätzlich alle metaphysischen Spekulationen ab, weil sie auf dem Weg zur Erlösung nur hinderlich seien. Ein Mann, der von einem vergifteten Pfeil getroffen wurde und erst Erkundigungen über den Schützen einholen will, bevor er sich helfen läßt, würde sterben, ohne eine Antwort erhalten zu haben. Deshalb sollen die Jünger nicht über den Ursprung der Welt oder das Rätsel des Karma nachsinnen, sondern sich ganz auf das Notwendige konzentrieren: die Lehre vom Leiden und den Pfad zur Befreiung.

4. Das Nirwana

Üblicherweise wird unter Nirwana ein reines Nichts verstanden. Doch es ist falsch, das Heilsziel des Buddhismus als nihilistisch zu bezeichnen. Wörtlich übersetzt heißt Nirwana »Verwehen, Verlöschen«. Wie eine Flamme erlischt, wenn ihr kein Brennstoff mehr zugeführt wird, so endet für den Menschen das Leiden, wenn er den Lebensdrang aufgegeben und die Unwissenheit überwunden hat. Dann schwindet der Wahn, ein eigenständiges Ich zu sein. Beschreiben läßt sich dieser Zustand nicht. Er ist weder durch die Sinne noch durch den Verstand zu erfassen, da er völlig außerhalb des normalen Erfahrungsbereichs liegt. Einzig der unmittelbaren Erkenntnis ist er zugänglich. Es ist leichter zu sagen, was das Nirwana nicht ist, als es in positive Begriffe zu fassen. Das Ungeborene, Unentstandene, nicht Geschaffene und Bedingungslose, das Unvergängliche, Bewegungslose und Todlose ist es, eben der absolute Gegensatz zu allem, was dem Menschen in der Welt begegnet. Nur wer selbst in das Nirwana eingegangen ist, kann dies erfassen. Dann aber gibt es kein Ich mehr, das darüber reden könnte. Eine ausgeblasene Flamme ist nicht einfach verschwunden, sondern hat sich in etwas anderes verwandelt. Dieses andere aber liegt jenseits allen Begreifens. Obwohl es zeitlos ist und keinen Ort hat, ist es paradoxerweise mitten in der Welt und mitten im Menschen. Denn nur die Welt bietet den Weg zum Nirwana, und nur der Mensch ist fähig, den angebotenen Weg bis zu seinem Ende zu gehen.

5. Der Achtfache Pfad

Nachdem die beiden ersten der Vier Edlen Wahrheiten das Leiden als Grundtatsache und als das eigentliche Übel festgestellt haben, beschreiben die zwei folgenden Wahrheiten den Ausweg aus dieser Situation. Die dritte Wahrheit spricht von der Möglichkeit einer Aufhebung des Leidens, die vierte weist den Weg zur Erlösung.

Es ist der Achtfache Pfad, an dessen Ende das Nirwana steht:

- rechtes Verstehen
- rechtes Denken
- rechtes Reden
- rechtes Handeln
- rechtes Leben
- rechtes Streben
- rechtes Gedenken
- rechtes Sichversenken

Diese acht Glieder, die immer als zusammenhängendes Ganzes gesehen werden müssen, bilden eine Art Anweisung, deren Befolgung für jeden Buddhisten verpflichtend ist. Obwohl weder rituelle Handlungen, Opferzeremonien oder Gebete noch der Buddha selbst darin vorkommen, ist es keine »technische« Anleitung zur Selbsterlösung, wie manchmal behauptet wird. Zwar steht der Mensch im Mittelpunkt, und es ist in seine Hand gelegt, ob er dem Pfad folgt oder nicht, aber ohne Vertrauen in die Lehre und ohne die Beachtung aller ihrer Teile ginge er in die Irre. Daß der Buddhismus keinen vom Menschen unabhängigen Gott und keine Seele kennt, heißt nicht, daß es im Belieben des Individuums stünde, was es von der Lehre akzeptiert und was nicht. Wer nur meditiert und sich aus dem Heiligen Kanon heraussucht, was ihm gefällt, ist deshalb noch lange kein Buddhist. Auch wenn der Freiraum für persönliche Erfahrungen größer und das dogmatisch Festgelegte geringer ist als etwa im Christentum, geht der Erfahrung doch das Verständnis voraus. Der Buddha selbst hat geraten, seine Lehre erst anzunehmen, wenn man sie gründlich geprüft hat.

Der Achtfache Pfad läßt sich in drei Bereiche unterteilen: Rechtes Verstehen und rechtes Denken gehören zur Weisheit, rechtes Reden, rechtes Handeln und rechtes Leben zur Ethik und rechtes Streben, rechtes Gedenken und rechtes Sichversenken zur Meditation. Die drei Bereiche sind in keiner bestimmten Reihenfolge voneinander abhängig, sondern durchdringen sich gegenseitig.

Weisheit hat dabei nichts mit allgemeinem Faktenwissen zu tun. Rechtes Verstehen hilft die Ursachen der Leidensentstehung und den Weg zu ihrer Beendigung zu begreifen, also die Lehre des Buddha anzuerkennen und einzusehen, daß sie zum Ziel führen kann. Rechtes Denken bedeutet schließlich die Bereitschaft, das als richtig Erkannte in die Tat umzusetzen und sein Leben danach auszurichten.

6. Die Ethik

Was die Ethik angeht, hat der Buddha eine einfache Regel aufgestellt: das Tun von Gutem und das Nichttun von Bösem. Was gut und was böse ist, wird anhand von zahlreichen Beispielen belegt. Rechtes Reden heißt etwa, nicht zu lügen oder zu verleumden und nur über Wichtiges zu sprechen. Wichtig ist allerdings letztendlich nur die Lehre. In langen Listen zählen die Schriften die Dinge auf, über die man besser kein Gespräch beginnt: Politik, Wirtschaft, Essen, Kleidung, Familienangelegenheiten, Nachbarn, fremde Länder, philosophische Spekulationen und Spitzfindigkeiten usw. Kurz, über alles, was nicht dem Heil dient. Wenn Mönche sich treffen, sollen sie deshalb über die Lehre reden oder schweigen.

Die fünf Verpflichtungen

1. Kein lebendes Wesen darf getötet werden.
2. Man soll nichts nehmen, was nicht freiwillig gegeben wird.
3. Die Sinneslust ist zu beherrschen.
4. Es ist zu vermeiden, die Unwahrheit zu sagen.
5. Man soll keine berauschenden Getränke zu sich nehmen.

Es ist genauer, von Verpflichtungen statt von Geboten zu sprechen, wie dies manchmal geschieht. Denn es gibt keine außermenschliche Instanz, die die fünf Verpflichtungen erlassen hat und über ihre Einhaltung wacht. Die zehn Gebote des Alten Testaments gelten als von Gott gesetzte Verhaltensnormen. Der Hintergrund der fünf Verpflichtungen ist jedoch trotz mancher scheinbaren Ähnlichkeit ein anderer. Ein Buddhist richtet sein sittliches Handeln danach aus, weil er darin ein Mittel sieht, auf dem Weg zur Erlösung voranzuschreiten. In einem Text heißt es:

»Ich möchte leben und nicht sterben, ich möchte Glück und nicht Leid. Wenn ich getötet würde, wäre es ein Unglück für mich, wenn ich töten würde, wäre es ein Unglück für einen anderen. Wie kann ich also jemandem etwas zufügen, was mir nicht zugefügt werden soll?«

Über dieser zweckgebundenen Sittlichkeit, die den eigenen Egoismus beherrscht, um nicht unter dem Egoismus eines anderen Menschen zu leiden, steht das Handeln dessen, der nicht mehr nach seinem persönlichen Vorteil trachtet. Wenn das Ich als Illusion erkannt und überwunden ist, wird selbstloses Verhalten zum Wohl fremder Wesen möglich. So soll Böses durch Gutes besiegt werden, Haß durch Feindesliebe. Eine Legende erzählt von einem buddhistischen König, der von einem rivalisierenden Herrscher gefangengenommen wird. Kurz vor seiner Hinrichtung ermahnt er seinen Sohn, deswegen keine Feindschaft zu empfinden. Der Sohn tritt unerkannt in die Dienste des Mörders seines Vaters. Als er eines Tages mit ihm allein ist, überkommt ihn Rachegefühl. Dreimal nimmt er sich vor, den schlafenden Herrscher zu töten, dreimal erinnert er sich an die Worte seines Vaters. Dann erwacht der Herrscher und der Königssohn offenbart ihm seine Absichten. Daraufhin schenken sich beide gegenseitig das Leben und schließen Freundschaft.

Aus christlicher Sicht wäre diese Legende ohne weiteres ein Beispiel für das Gebot, seine Feinde zu lieben. Der Unterschied liegt in der Zielrichtung der jeweiligen Ethik. Ein Christ will in der Welt den Willen Gottes in die Tat umsetzen, ein Buddhist strebt danach, durch seine Taten den Geburtenkreislauf für immer zu durchbrechen. Statt zwischen ewig gültigen Geboten und Verboten zu unterscheiden, trennt ein Buddhist zwischen Verhaltensweisen, die der Erlangung des Heils förderlich sind, und solchen, die Unheil zur Folge haben.

Gleiches gilt für den Umgang mit der kreatürlichen Umwelt. Tieren soll kein Schaden zugefügt werden, weil sie potentielle Anwärter auf eine menschliche Geburt sind. Das Fleisch von Tieren, die von anderen geschlachtet wurden, darf ein Buddhist dagegen verzehren. Nichtmenschliche Lebewesen werden nicht nur aus Mitleid geschont, sondern auch, um die Anhäufung schlechten Karmas zu vermeiden. Die Natur an sich ist keineswegs vorbildlich, im Gegenteil: Die Hauptantriebskraft der natürlichen Prozesse sind der Selbsterhaltungstrieb und der Instinkt. Ein Buddhist lebt im Grunde gegen die Natur, weil er versucht, sich darüber klarzuwerden und die damit verbundenen leidvollen Erfahrungen zu beenden. Allein in der Natur liegt das Böse begründet, es entsteht nicht von außen, sondern durch die unwissentliche Gleichsetzung von Vergänglichem und Wirklichem. Daher sind die fünf Verpflichtungen ein Hilfsmittel, das der Buddha zur Verfügung gestellt hat, um allen Wesen zu helfen, sich aus den Verstrickungen des natürlichen Lebens zu befreien. Sie sind kein ewiges Gesetz und erst recht nicht dem Menschen von Geburt an in Form eines moralischen Empfindens mitgegeben. Man muß sie sich aneignen und ständig vor Augen halten. Rechtes Leben, die dritte Säule der buddhistischen Ethik, bedeutet, daß einem angemessenen Broterwerb nachgegangen werden soll. Verboten sind die Berufe, die anderen Wesen Schaden zufügen, etwa der Beruf eines Metzgers oder der Handel mit Giften, Waffen und Rauschmitteln. Wer zulässige Waren verkauft, darf seine Kunden nicht vorsätzlich betrügen oder zum Kauf überreden.

7. Die Meditation

Die drei letzten Glieder des Achtfachen Pfades lehren die Vorbereitung und die Durchführung der Meditation. Da der Buddha in der Meditation erleuchtet wurde und da die

Auflösung des Ich-Bewußtseins nicht ohne die Praxis der Versenkung möglich ist, nimmt die Meditation einen hohen Stellenwert ein. Es gibt Berichte über spontane Erleuchtungen beim bloßen Nachdenken über die Vier Edlen Wahrheiten. Doch dies sind Einzelfälle, die dadurch erklärt werden, daß die entsprechende Reife bereits in zahllosen Vorleben erworben wurde. Die Regel ist, daß nur ständige, intensive Übung von Erfolg gekrönt wird.

Rechtes Streben heißt, die erforderliche Willenskraft aufzubringen, um in jedem Augenblick wach und bewußt zu sein. Störende geistige Zustände wie Trägheit oder mangelnde Konzentration müssen vermieden werden. Dies geschieht durch »die Bewachung der Sinnestore«. Die Außenwelt wird beobachtend wahrgenommen, ohne sich an irgend etwas anzuklammern. Die Formen und Farben eines Objekts etwa sollen lediglich registriert, nicht aber beurteilt werden. Sind die Affekte solcherart unter Kontrolle, verschwindet die subjektive Empfindung, etwas sei schön oder häßlich, angenehm oder unangenehm, sympathisch oder unsympathisch. Wie schwer es ist, eine derartige Haltung, die nicht mit bloßer Selbstbeherrschung zu verwechseln ist, einzunehmen, schildern schon die alten Texte. In diesem Stadium ist der Mensch immer noch mit der Welt verbunden, aber er kann sie nun anders ansehen.

Rechtes Gedenken ist Achtsamkeit auf Körper und Geist. Der Buddha sagt dazu, daß der Meditierende sich so zu verhalten habe, daß »er eifrig, selbstbeherrscht und achtsam bleibt, weil er sowohl das Verlangen als auch die Niedergeschlagenheit überwunden hat, die in der Welt üblich sind.« Während beim rechten Streben die Sinneseindrücke objektiviert werden, hat das rechte Gedenken die Inhalte des Bewußtseins selbst zum Gegenstand. Zu Beginn konzentriert sich der Übende auf die automatisch ablaufenden Körperfunktionen. Er nimmt wahr, wie er aus- und einatmet, ob es lang oder kurz ist. Dann weitet er die Beobachtung auf andere Funktionen aus: »Wenn ein Mönch kommt und geht, so tut er das mit vollem Bewußtsein. Wenn er ißt und trinkt, kaut und schmeckt, so tut er das mit vollem Bewußtsein. Wenn er seine Notdurft verrichtet, so tut er das mit vollem Bewußtsein. Wenn er geht, steht, sitzt, einschläft, erwacht, redet oder schweigt, so tut er das mit vollem Bewußtsein.«

Als nächstes wendet er sich seinem inneren Erleben zu. Aufsteigende Gedanken und Gefühle werden bis zu ihrer Wurzel zurückverfolgt. Teilnahmslos identifiziert der Übende Zuneigung und Haß, Lust und Unlust, Erinnerungen und Phantasien. Er läßt sie an sich vorüberziehen, bis sie von selbst vergehen. Wenn das allein nicht hilft, wenn bestimmte Wünsche oder Begehrlichkeiten immer wiederkehren, richtet er sein Denken auf das Gegenteil. Leidet er unter Neid, vergegenwärtigt er sich Wohlwollen; ist er eitel oder erhofft er sich Zuneigung, denkt er an die Vergänglichkeit und Unreinheit des Körpers.

Rechtes Sichversenken schließlich bildet den Abschluß des Achtfachen Pfades. Als der Buddha unter dem Feigenbaum saß, näherte er sich der Erleuchtung in vier aufeinanderfolgenden Stufen: Freiwerden von Begierden und Vorstellungen, was zu Freude führte; Konzentration auf einen einzigen Punkt, wodurch auch die Freude schwand und der Geist ruhig wurde; Aufrechterhalten der Ruhe, bis sie sich in völligen Gleichmut verwandelte; Verharren im Gleichmut und Erkennen der Leidensursachen in absoluter Klarheit.

Nachdem rechtes Streben und rechtes Gedenken geholfen haben, Bewußtheit bezüglich der körperlichen und geistigen Abläufe zu erlangen, richtet sich die Aufmerksamkeit nun vollständig nach innen. Die Meditationstechnik ist dabei nicht anders, wohl aber der Inhalt der Meditation. Zunächst werden fünf Hindernisse beseitigt: Gier, Zorn, Trägheit, Aufregung und Zweifel. Da diese Hindernisse schon auf den vorhergehenden Stufen reflektiert und so gut wie möglich ausgeschaltet wurden, stellt sich bald ein Zustand der Freude ein, gefolgt von einer klaren Geistesverfassung, die weder durch Gedanken noch durch Gefühle getrübt ist. Jetzt wird der Meditierende der tiefen Bedeutung der Lehre des Buddha gewahr und erfaßt sie durch unmittelbare Anschauung. Auf dieser vierten und letzten Stufe reinen Bewußtseins hat er die Fesseln endgültig durchschnitten und ist selbst zum Erwachten geworden. Nach dem Ende seiner irdischen Existenz geht er ins Nirwana ein und wird niemals mehr wiedergeboren.

IV. Die weitere Entwicklung der Lehre

Während der 45 Jahre seiner Lehrtätigkeit war der Buddha in einem nur wenige hundert Quadratkilometer umfassenden Gebiet im nördlichen Indien (den heutigen Staaten Uttar Pradesh und Bihar) umhergewandert und hatte dabei zahlreiche Jünger um sich versammelt. Der Tagesablauf war stets der gleiche. Von Sonnenaufgang bis zur heißen Mittagszeit zogen sie durch die Dörfer und erbettelten sich ihren Lebensunterhalt. Arbeit war ihnen verboten, sie mußten sich mit dem begnügen, was die Leute ihnen in ihre Almosenschalen legten. Der eigentliche Geber ist dabei jedoch der Mönch und nicht der, der ihm etwas schenkt. Denn durch seine Gabe erwirbt sich der Spender Verdienste. Zum einen unterstützt er diejenigen, die sich gänzlich dem Weg des Buddha widmen und so zum Wohl aller Wesen tätig sind, zum anderen erwirbt er gutes Karma, das vielleicht ausreicht, um in einer der nächsten Wiedergeburten ebenfalls ein Leben als Mönch führen zu können. Daher geht der Mönch schweigend weiter, nachdem er etwas erhalten hat, während sich der Spender dafür bedankt, daß er etwas geben durfte. So ist es übrigens noch heute in allen buddhistischen Ländern.

Das Gesammelte mußte verzehrt sein, noch bevor die Sonne im Zenit stand. Es war die einzige Mahlzeit des Tages und je nach dem Ertrag des Bettelgangs eine manchmal recht karge, wenn es auch hin und wieder Einladungen zu Festessen gab. Nach dem Mahl sprach der Buddha meist über seine Lehre und zog dann weiter. Seine Jünger unterrichtete er am Abend, wobei er auch ihre Fragen zu unklaren oder schwierigen Punkten der Lehre beantwortete.

Ab Juni, mit dem Einsetzen des Monsuns, bezogen die Mönche für drei bis vier Monate ein festes Quartier, das meist in einem ruhigen Waldgebiet lag und ihnen von

Gönnern zur Verfügung gestellt wurde. Im Laufe der Zeit entstanden daraus Begegnungsstätten, wo sich Pilger und Mönche aus anderen Gegenden einfanden, um vom Buddha unterrichtet zu werden. Dort kam es auch zu Streitgesprächen mit Brahmanen und Anhängern des Jainismus, einer fast zeitgleich mit dem Buddhismus entstandenen und diesem sehr ähnlichen Religion. Dispute zwischen Vertretern verschiedener Religionsgemeinschaften waren im alten Indien üblich. Es ging dabei darum, durch überzeugende Argumente den Standpunkt des Gegners zu widerlegen und so die Tauglichkeit der eigenen Lehre zu erweisen. Hierin hatte der Buddha ganz offensichtlich Erfolg, denn die zahlreichen Wanderprediger, die außer ihm noch existierten, teilweise auch mit Anhängerschaft, verschwanden alle wieder im Dunkel der Geschichte. In welcher Form der Buddha seine Einsichten vorgetragen hat, ist den überlieferten Schriften nicht zu entnehmen. Vieles wurde hinzugefügt und stilistisch überarbeitet, um die wichtigen Aussagen zu betonen und die Erinnerung zu erleichtern. So erklären sich auch die ständigen Wiederholungen und langwierigen Erläuterungen in den Texten. Der Kern der Lehre ist aber ohne Zweifel dem Buddha selbst zuzuschreiben.

1. Die neuen Schulen

Genaugenommen kann man eigentlich nicht von »dem Buddhismus« sprechen, weil sich während der vielen Jahrhunderte seiner Überlieferung zahlreiche neue Gemeinschaften und Lehrrichtungen herausbildeten. Sie sind jeweils einer der zwei Hauptströmungen zuzurechnen: dem *Theravada* oder dem *Mahayana*. Der Theravada (der Weg der Alten) nimmt für sich in Anspruch, die Lehre des Buddha unverfälscht erhalten zu haben. Seine Schriften sind im *Pali-Kanon* gesammelt. Pali war ein indischer Dialekt zur Zeit des Buddha.

Das Mahayana (das große Fahrzeug) entstand aus Abspaltungen vom Theravada und setzte andere Akzente in der Deutung der buddhistischen Lehre. Im Pali-Kanon sehen die Mahayana-Anhänger nur einen weniger bedeutsamen Teil der Überlieferung. Sie selbst beziehen sich auf verschiedene *Sutras*. Die Sutras enthalten wie der Pali-Kanon Aussagen, die dem Buddha zugeschrieben werden. Aber nach der Auffassung des Mahayana findet sich in den Sutras die wahre Essenz der Lehre. Sowohl der Pali-Kanon als auch die Sutras werden auf Jünger des

Die beiden Hauptrichtungen:

	Theravada	*Mahayana*
Ideal	Arhat (Erleuchteter, der das Heil nur für sich erlangt)	Bodhisattva (Erleuchteter, der das Heil allen Wesen bringen will)
Nirwana	Von der Welt vollkommen verschieden	Mit der Welt identisch
Weg zur Erlösung	Der Achtfache Pfad	Weisheit (Erkenntnis der Leere), Verehrung (Bhakti)
Welt	Besteht aus flüchtigen Seinsmomenten	Ist ohne Substanz und eine Projektion des Geistes
Karma	Nur individuell	Individuell, Verdienste können aber übertragen werden
Buddha	Mensch und Lehrer	Dreikörperlehre
Gemeinschaft	Trennung in Mönche und Laien	Mönche und Laien sind gleichgestellt
Schriften	Pali-Kanon (»Dreikorb«)	Sutras (z. B. Prajnaparamita)
Länder	Sri Lanka, Thailand, Laos, Burma, Kambodscha	China, Tibet, Nepal, Japan, Vietnam, Korea

Buddha zurückgeführt. Ihre Bedeutung unterscheidet sich in den Schwerpunkten der Interpretation.

Nach dem Tod des Buddha gab es keinen direkten Nachfolger. Er hatte es abgelehnt, jemanden zu benennen, der an seiner Stelle die Gemeinschaft leiten könnte. »Wer die Lehre sieht, sieht mich«, soll er gesagt haben, womit er meinte, daß es nicht auf die Person, sondern einzig auf die Befolgung der Heilsbotschaft ankomme. Doch weil für den Zusammenhalt einer Gemeinschaft feste Strukturen notwendig sind, übernahmen enge Vertraute des Meisters die Leitung und sorgten für die genaue Überlieferung seiner Worte. Wie genau diese war, wurde aber schon bald eifrig diskutiert, denn die Mönche lebten nicht alle an einem Ort beieinander, sondern waren über das ganze Land verstreut. Ihre Kenntnisse und ihre Erinnerung hingen von der Häufigkeit und der Dauer des Zusammenseins mit dem Buddha ab. Daher trafen sich die führenden Vertreter auf Konzilen und legten fest, welche Worte des Buddha als authentisch gelten konnten, ebenso welche Gestalt die Gemeinschaft (*Sangha*) haben sollte. Beim ersten Konzil direkt nach dem Tod des Religionsstifters wurde noch weitgehende Übereinstimmung erzielt, doch bereits beim zweiten (ca. 380 v. Chr.) kam es zu schwerwiegenden Meinungsverschiedenheiten. Einer kleinen Gruppe wurde vorgeworfen, eine zu tolerante Einstellung gegenüber weltlichen Dingen zu haben. Sie spaltete sich nach einer Abstimmung ab und gründete einen eigenen Orden. Die Abtrünnigen nannten sich »die Mitglieder der großen Gemeinschaft« (*Mahasanghika*) und duldeten in ihren Reihen auch Mönche geringeren Grades und Laien. Vor allem aber betrachteten sie den historischen Buddha als Verkörperung eines »ewigen Buddha«, das heißt als Manifestation eines überweltlichen Prinzips. Dadurch war die Lehre offener für neue Einflüsse und Entwicklungen geworden, denn ein ewiger Buddha kann zu allen Zeiten wirken. Das minderte zwar die Autorität der oberen Mönche, weil sie sich nun nicht mehr ausschließlich auf die Überlieferung berufen konnten, doch gleichzeitig gewannen die Auslegungen von lebenden Lehrern und Kommentatoren an Bedeutung. Außerdem fanden dadurch verstärkt volkstümliche Elemente Eingang in die Lehre. Nach ihnen war jeder Mensch Teilhaber an der Buddhanatur und so fähig, die Erleuchtung zu erlangen.

Den Mahasanghikas standen die *Sthaviravadins* (»die Anhänger der Ältesten«) gegenüber. Die Sthaviravadins betrachteten sich als die wahren Hüter der Buddhaworte und behaupteten, diese in ihrer ursprünglichen Klarheit und Eindeutigkeit zu bewahren. Ihrer Meinung nach war der Heilsweg nur für die wenigen geeignet, die sich in unendlich vielen Vorleben die dazu nötige Reife erworben hatten.

Wie jede andere Religion war auch der Buddhismus auf politische Unterstützung angewiesen, um das Stadium einer exklusiven Gemeinschaft verlassen und auf Dauer bestehen zu können. Diese Unterstützung erhielt er vom Kaiser Ashoka. Ashokas Großvater Chandragupta hatte aus dem Nordwesten Indiens die griechischen Statthalter vertrieben, die dort seit dem Indienfeldzug Alexanders

Sutras

Für die Mahayana-Buddhisten gilt der Pali-Kanon als »mindere Überlieferung«. Ihre autoritativen Texte sind die Sutras (Lehrreden), die wörtlich auf den Buddha zurückgehen sollen. Da sie zu Lebzeiten des Buddha dem Verständnis verschlossen gewesen seien, sei es den Interpreten des Mahayana vorbehalten geblieben, sie zu lehren. Entstanden sind die Sutras von ca. 100 v. Chr. bis 500 n. Chr. Die einzelnen Schulen des Mahayana legten das Schwergewicht auf unterschiedliche Sutras.

Pali-Kanon

Die drei grundlegenden Schriften des Theravada-Buddhismus sind im sogenannten »Dreikorb« (*Tripitaka*) zusammengefaßt. Der Ausdruck »Korb« geht darauf zurück, daß damals beschriebene Palmblätter in Körben gesammelt wurden. Zum Tripitaka gehören:

1. Die Ordensregeln (*Vinaya-Pitaka*), die das Aufnahmeverfahren für Mönche und Nonnen und die Vorschriften für ihr tägliches Leben bestimmen.
2. Die Lehrvorträge (*Sutra-Pitaka*), die aus den Predigten Buddhas und den Gesprächen mit seinen Jüngern entstanden. Sie sind nach formalen Kriterien angeordnet (lange und kürzere Reden, bestimmte Themen, Gleichnisse), weshalb sich manche Passagen wiederholen. Dieser zweite Korb enthält auch die Geschichten von den früheren Geburten des Buddha.
3. Die höhere Lehre (*Abhidharma-Pitaka*), die einzelne Aussagen des Buddha näher erläutert. Sie behandelt anthropologische, psychologische und apologetische Fragen.

des Großen (327–325 v. Chr.) herrschten. Sein Sohn Bindusara festigte das neu entstandene Reich, und Ashoka dehnte ab 268 v. Chr. dessen Grenzen durch mehrere Kriege weiter aus. Angeblich war er durch die Greueltaten, die er auf den Kriegsschauplätzen mit ansehen mußte, so erschüttert, daß er der Gewalt abschwor und sich zum Buddhismus bekehrte. Reumütig nahm er sich vor, die durch ihn verursachten Leiden wiedergutzumachen. Er ließ Krankenhäuser errichten, verbot das Töten gewisser Tierarten und förderte das friedliche Zusammenleben aller Religionen in seinem Reich. Insbesondere den buddhistischen Klöstern vermachte er großzügige Schenkungen. Überall im Land wurden in Steinsäulen und in Felswände die Worte des Buddha eingemeißelt. Da einzig Südindien außerhalb des Machtbereichs Ashokas lag, erfuhr der Buddhismus durch diese religiösen Edikte einen ungeheuren Aufschwung.

Gleichzeitig machten sich jedoch Spaltungstendenzen bemerkbar. Zum einen kursierten verschiedene Lehrmeinungen, zum anderen traten offenbar viele nur aus materiellen Erwägungen zum Buddhismus über. Etwa 60 000 von diesen »Scheinanhängern«, die lediglich vom Reichtum der Klöster profitieren wollten, sollen auf Geheiß Ashokas aus der Gemeinschaft ausgeschlossen worden sein. Anschließend berief Ashoka das dritte Konzil ein. In seiner Hauptstadt Pataliputra (heute Patna) trafen sich um 250 v. Chr. erneut die Vertreter der verschiedenen Richtungen und tauschten ihre divergierenden Auffassungen aus. Inzwischen gab es nicht nur die Schulen des Sthaviravada und Mahasanghika, beide Gemeinschaften hatten sich wiederum in mehrere Gruppen aufgespalten. Deren Anliegen war es, die Lehre des Buddha zu systematisieren, wobei sie zu unterschiedlichen und zum Teil auch widersprüchlichen Ergebnissen gelangten. Differenzen gab es darüber, ob der Buddha seiner Natur nach menschlich oder transzendent gewesen sei, ob das Nirwana nicht doch näher bestimmt werden könne oder ob Mensch und Welt eine reale Existenz besäßen.

Ashoka wollte eine Spaltung verhindern und ermahnte die Mönche zur Einigkeit. Trotzdem blieben schätzungsweise 30 Sondergemeinschaften bestehen. Von den meisten ist kaum etwas überliefert, sie lösten sich im Laufe der Jahre wieder auf. Besonders wichtig für die weitere Entwicklung waren die *Sarvastivadins*. Sie wichen wie die Mahasanghikas von den Auffassungen des Sthaviravada ab und wurden zum Vorläufer des Mahayana-Buddhismus, der heute die meisten Anhänger zählt.

Hinayana-Buddhismus

Statt Theravada (»der alte Weg«) wird häufig auch der Begriff *Hinayana* (»das kleine Fahrzeug«) verwendet. Dies war jedoch ursprünglich eine abwertende Bezeichnung von den Anhängern des Mahayana (»das große Fahrzeug«), die damit zum Ausdruck bringen wollten, daß ihr Weg die ganze Menschheit ans Ziel führen kann, während der Hinayana einen »Heilsegoismus« pflege.

In diese Periode fällt auch der Beginn der buddhistischen Mission. Mönche wurden unter anderem nach Burma, Afghanistan, Kaschmir, Sumatra, Sri Lanka, Ägypten und Syrien gesandt. Auch Reisende und Kaufleute trugen zur Verbreitung des Buddhismus bei. Dauerhaft etablieren konnte er sich jedoch vorläufig nur in Sri Lanka. Fast immer war das Schicksal des Buddhismus vom Wohlwollen der Könige und Landesfürsten abhängig. Je nach den politischen Verhältnissen wurde er gefördert, geduldet oder verfolgt. In seinem Mutterland dagegen war er durch die Protektion Ashokas zur Volksreligion geworden und hatte so starke Wurzeln geschlagen, daß er nach dem Tod des Königs manche Anfeindungen seiner Nachfolger überstand.

Die endgültige Aufspaltung des Buddhismus war jedoch nicht mehr zu verhindern. Zu Beginn unserer Zeitrechnung standen sich zwei Hauptrichtungen gegenüber: Theravada und Mahayana. Das vierte Konzil veranstalteten sie getrennt, die Theravada-Buddhisten im ersten Jahrhundert v. Chr. in Sri Lanka, die Mahayana-Buddhisten im ersten Jahrhundert n. Chr. in Nordindien oder Kaschmir. Auf das Argument der Theravada-Buddhisten, die Anhänger des Mahayana würden die Aussagen des Buddha verfälschen, antworteten diese, ihre Form des

Buddhismus sei aus der ursprünglichen Lehre hervorgegangen wie ein Baum aus dem Samenkorn. Trotz mancher Schärfe in den Auseinandersetzungen wurden jedoch nie Glaubenskriege um die rechte Lehre geführt.

2. Der Mahayana-Buddhismus

Aufgrund seiner größeren Volksnähe gewann der Mahayana-Buddhismus schnell mehr Anhänger als der Theravada. Von Nordindien aus drang er nach Tibet, Nepal, Sikkim, Bhutan, Vietnam, China, Korea und Japan vor. Der Buddha wurde nicht mehr als ein Mensch betrachtet, der die Erleuchtung nur für sich erlangt hatte und es seinen

Dreikörperlehre

Nach der *Dreikörperlehre* des Mahayana ist der Buddha eins mit dem Absoluten und hat sich auf Erden manifestiert, um sich aktiv für das Heil aller Wesen einzusetzen. Die drei Körper sind:

1. Der Körper der Großen Ordnung (*Dharmakaya*). In dieser Form ist der Buddha identisch mit allem Seienden, weil alles aus ihm hervorgegangen ist.
2. Der Körper des Genusses (*Sambhogakaya*). Diesen Körper nehmen die Erleuchteten wahr und diejenigen, die in einem der transzendenten Buddha-Länder wiedergeboren werden.
3. Der Körper der Erscheinung (*Nirmanakaya*). Der historische Buddha war der sichtbare Ausdruck des Dharmakaya. Er war nur insofern real, als die Menschen seine wahre Natur nicht erkennen konnten. In den sich später entwickelnden Schulen wurde die Dreikörperlehre entsprechend dem jeweiligen System gedeutet. Der Grundgedanke war jedoch stets derselbe.

Bodhisattva

Ein Bodhisattva hat die höchste Stufe, die Erleuchtung, erreicht, verzichtet aber auf den sofortigen Eintritt ins Nirwana, um allen Wesen zu helfen. In seinem grenzenlosen Mitleid nimmt er sogar das Leid anderer auf sich. Nach seinem Tod löst er sich nicht einfach auf wie eine Flamme, die erloschen ist, sondern existiert als geistiges Wesen weiter und entscheidet selbst darüber, ob und in welcher Form er wiedergeboren werden will. Er sucht sich einen Körper aus, in dem er den Menschen am besten die Lehre und das aus ihr resultierende Heil vermitteln kann. Aber auch als geistiges Wesen ist er für hilfesuchende Gläubige erreichbar. Er kann angerufen und um Beistand gebeten werden.

Schülern überließ, gemäß ihrer Reife ebenfalls zum Heiligen (*Arhat*) zu werden. Es schien nicht vorstellbar, daß die tiefgründige Lehre vom Leiden wirklich einem menschlichen Geist entsprungen sein konnte. Vielmehr nahm man an, ein überweltlicher, ewiger Buddha habe sich in Gestalt des historischen Buddha verkörpert. Insgesamt gebe es drei »Körper« des Buddha: einen kosmischen, einen transzendenten, der in der Erleuchtung wahrgenommen werden kann, und einen sichtbaren, der den Menschen die Lehre mitgeteilt hat. Der Buddha selbst hatte die Lehre als das Wichtigste bezeichnet, was nach seinem Hinscheiden bei den Jüngern bleiben würde. Doch die nicht immer leicht zu verstehenden und teilweise abstrakten Reden waren vielen Gläubigen auf die Dauer nicht genug. Ihnen kam die neue, anschaulichere Auslegung des Mahayana entgegen. Statt ganz allein den beschwerlichen Weg zur Erlösung gehen zu müssen, erhielten sie nun Hilfe von den *Bodhisattvas*.

Für die Logik ergab sich daraus ein Problem. Wie kann jemand, der nur aus einzelnen Gruppen von Daseinsfaktoren besteht, Mitleid für andere aufbringen, die ja auch nur aus Einzelelementen zusammengesetzt sind? Wie kann ein Nicht-Ich mit einem anderen Nicht-Ich mitempfinden? An derartigen Widersprüchen stößt sich aber eher der abendländisch geschulte Geist, der in Gegensätzen denkt und logische Schlußfolgerungen zieht. Über einen Bodhisattva heißt es in einem Text, er leite alle Lebewesen zum Nirwana, ohne sie wirklich dorthin zu führen. Denn wenn er so denke, sei er kein Erleuchteter. In seiner Weisheit unterscheidet er nicht zwischen den zahlreichen Einzelwesen, aber in seinem Mitleid ist er entschlossen, ihnen zu helfen. Jenseits der üblichen Normen stehend, kann der Bodhisattva die Geisteshaltungen der Weisheit und des Mitleids integrieren, ohne darin einen Widerspruch zu sehen.

Maitreya-Buddha

Der Mahayana-Buddhismus nahm an, daß es zu allen Zeiten einen Buddha gegeben habe. Gautama Buddha hatte demnach drei Vorgänger und wird auch einen Nachfolger haben, den *Maitreya-Buddha*. Nachdem der Zustand der Welt immer schlechter geworden ist, wird sich dieser fünfte und letzte irdische Buddha irgendwann in der Zukunft manifestieren, die Lehre erneuern und somit ein Goldenes Zeitalter schaffen.

Auch die Vorstellung vom Nirwana hat sich geändert. Es steht dem *Samsara* (Geburtenkreislauf) nicht mehr als etwas vollkommen anderes gegenüber, sondern ist mit ihm identisch. Im Zustand der Erleuchtung schwindet die falsche Wahrnehmung, und die Einheit von Nirwana und Samsara wird offenbar. Alle Dinge werden nun als leer erkannt. Der Begriff der Leere (*Shunyata*) ist ein zentraler Bestandteil des Mahayana. In der buddhistischen Kunst Japans wird die Leere zumeist durch einen Kreis dargestellt. Ein Kreis ist etwas Wahrnehmbares und hat doch keinerlei Inhalt. So ist auch die Leere nicht einfach ein Nichts, aber sie entzieht sich der Beschreibung. Nur ein Erleuchteter vermag zu erkennen, daß die Erscheinungswelt und die Leere ein und dasselbe sind. Dem gewöhnlichen Sterblichen kann er seine Erkenntnis aber nicht mit Worten erklären. Die zwei wichtigsten Richtungen des Mahayana sind die *Madhyamika*- und die *Yogacara*schule. Madhyamika bedeutet »mittel«, was ungefähr heißt, daß ein Mittelweg zwischen der reinen Verneinung und der reinen Behauptung gesucht wurde. Auf der einen Seite sollte die Wirklichkeit nicht ausschließlich mit negativen Begriffen beschrieben werden, auf der anderen Seite wurde es als falsch angesehen, den Dingen absolute Realität zuzusprechen. Begründet wurde die Madhyamikaschule um ca. 150 n. Chr. von Nagarjuna. Er unterschied zwischen dem Weg der Weisheit (*Prajna*) und dem Weg des Glaubens (*Bhakti*). Da nicht alle Menschen die geistige Fähigkeit besitzen, die Lehre des Buddha in ihrer ganzen Tiefe zu erfassen, sie aber andererseits selbst Teil der allumfassenden Buddhanatur sind und daher prinzipiell zur Erleuchtung gelangen können, gibt es für sie die Möglichkeit des Glaubens. Diese neue Entwicklung war zum Teil eine Reaktion auf den wiedererstarkenden Hinduismus. Die Hinwendung zu einem persönlichen Gott – besonders zu Shiva und Vishnu – setzte sich in den ersten Jahrhunderten n. Chr. in der indischen Bevölkerung immer mehr durch. In der Folge verlor der Buddhismus auch seinen Rückhalt bei den Herrscherhäusern. Als ab dem Jahr 1000 n. Chr. islamische Armeen in Indien eindrangen und es nach und nach besetzten, war der Buddhismus in seinem Heimatland kaum noch existent.

Die Yogacaraschule entstand um 400 n. Chr. und geht

auf die beiden Brüder Asanga und Vasubandhu aus Nordwestindien zurück. Sie betonten die Bedeutung der Meditation, um zur echten Erkenntnis des wahren Selbst zu gelangen. Dieses wahre Selbst ist die Ursache aller Erscheinungen. Die Welt erscheint dem Menschen als das, was sie ist, weil sie eine Projektion des Selbst darstellt. Sie ist also im Grunde eine Täuschung. Wenn eine Fahne im Wind flattert, bewegt sich weder die Fahne noch der Wind, die Bewegung spielt sich lediglich im Geist des Betrachters ab. Denn es gibt keine objektive Realität, alle äußeren Objekte sind eine bloße Vorstellung. In der Meditation richtet sich der Geist auf sich selbst und wird gewahr, daß er die einzige Quelle der wahrnehmbaren Wirklichkeit ist. Er findet Zugang zum überpersönlichen »Speicherbewußtsein«, das die Keime aller Phänomene in sich enthält. Aus diesem Speicherbewußtsein heraus manifestiert sich die gesamte sichtbare Welt. Die Begründung und Integration dieser Auffassung durch logische Argumentation zog den Ausbau eines immer komplizierteren Denkgebäudes nach sich.

Die Annahme eines Selbst bzw. eines Speicherbewußtseins widersprach der früheren Lehre vom Nicht-Ich und von den Seinsmomenten. Schon vor der Yogacaraschule hatten einige buddhistische Denker behauptet, es gebe so etwas wie ein geistiges Kontinuum oder einen dauerhaft existierenden Bewußtseinskern. Die verschiedenen Ansichten standen sich oftmals konträr gegenüber und führten zur Bildung neuer Schulen. Auch die Notwendigkeit, sich gegen hinduistische Denksysteme zu verteidigen, erhöhte die Vielfalt der Lehrmeinungen. In öffentlichen Disputationen traten buddhistische und hinduistische Redner gegeneinander an und versuchten, im Streitgespräch die Oberhand zu gewinnen. Vom Ausgang solcher Rededuelle hingen häufig auch materielle Zuwendungen durch die Regierenden ab. Lange Zeit hatten die buddhistischen Mönche dabei den größeren Erfolg. Davon zeugen zum Beispiel die Klosteruniversitäten, die über umfangreiche Handschriftenbibliotheken verfügten und in denen Tausende von Gelehrten lebten. Die berühmteste war Nalanda im nordöstlichen Indien (im heutigen Bundesstaat Bihar). Außer dem buddhistischen Kanon wurden auch Logik, Grammatik, Mathematik, Medizin und andere Fächer unterrichtet. Zu diesen Universitäten kamen Pilger aus den umliegenden Ländern, um Textstudien zu betreiben und die Schriften in ihre Muttersprachen zu übersetzen. Wichtig waren vor allem die Beziehungen zu Tibet und China. Über Gelehrte aus diesen Ländern gelangte buddhistisches Gedankengut nach Zentralasien, wo es unter dem Einfluß der dortigen kulturellen Umwelt eine neue Ausprägung erfuhr.

3. Der tantrische Buddhismus

Im Westen wird unter *Tantra* oft eine magische Praxis oder die Anwendung von sexuellen Techniken zum Erreichen eines spirituellen Ziels verstanden. Aber beides trifft nur bedingt zu. Das Tantra ist zunächst einmal eine wichtige religiöse Tradition, sowohl für den Hinduismus als auch für den Buddhismus. Das Hauptthema der tantrischen Texte, die ab dem dritten Jahrhundert n. Chr. verfaßt wurden, sind die polaren Kräfte des Weiblichen und Männlichen. Das Weibliche wurde mit der Göttin Kali gleichgesetzt, das Männliche mit dem Gott Shiva. Für die Shiva-Anhänger ist Kali die Shakti (Kraft) des Gottes, durch die er die Welt erschafft, erhält und am Ende wieder zerstört. In Bengalen und Kashmir kehrte sich das Verhältnis um, und die Göttin Kali trat in den Mittelpunkt der Verehrung. Ihre Erscheinung ist schreckenerregend, sie trägt eine Halskette aus Totenschädeln, trinkt das Blut ihrer Opfer und tanzt auf einem Leichnam. Aber sie fordert nicht nur Leben – im Kali-Tempel von Kalkutta werden ihr noch heute täglich mehrere Dutzend Ziegen geopfert –, sondern ist auch die mütterlich-schöpferische Kraft, die neues Leben schenkt. Shiva und Shakti gehören im Tantrismus eng zusammen, ihre wechselseitige Durchdringung erschafft alle materiellen und geistigen Formen.

Es ist viel darüber spekuliert worden, welche Elemente im Tantrismus zu einer neuen Einheit verschmolzen wurden. Einerseits sollen es Reste der alten Religion sein, die vor dem Eindringen der Arier in Indien bestand und in der wahrscheinlich Fruchtbarkeitsrituale praktiziert wurden. Andererseits wird angenommen, daß das Bedürfnis der Gläubigen nach bildhaften Vorstellungen, die lebensnäher sind als die abstrakten Systeme des Vedanta und des Yoga, sich hier Ausdruck verschaffte. Auf jeden Fall kann nicht von einer Verfallserscheinung und einer moralisch verwerflichen Sexuallehre gesprochen werden, wie es auch Wissenschaftler immer wieder getan haben. Statt die nur in Bruchstücken übersetzten tantrischen Schriften zu Rate zu ziehen und sich zu bemühen, ihre bisweilen dunkle Ausdrucksweise zu verstehen, sieht man nur das Äußere und erkennt darin nichts als »primitive Magie«. Doch der Tantrismus ist ein wesentlicher Bestandteil indischer Religiosität. In ihm spiegelt sich weit mehr vom tatsächlichen Glauben der Inder als in den hochgeistigen philosophischen Erlösungslehren. Bevor er aus Indien verschwand, hatte der Buddhismus tantrische Aspekte aufgenommen und in seine Lehre eingegliedert. Den Boden dafür hatte bereits das Mahayana mit seiner Umdeutung des historischen Buddha in den transzendenten Buddha und mit der Einführung des Bodhisattva-Ideals bereitet. Nun bildete sich ein ganzes Pantheon von Bodhisattvas, Göttinnen, Dämonen und Schutzgottheiten. Geist und Körper, Mann und Frau, Mikrokosmos und Makrokosmos repräsentieren die Dualität, die jeder im täglichen Leben erfährt. Die Erleuchtung tritt ein, wenn diese Dualität zur Einheit gebracht wird. Das wichtigste Symbol des tantrischen Buddhismus ist das Diamantzep-

Mantra

Einzelne oder mehrere Silben, die während der Meditation beständig wiederholt werden, bezeichnet man als *Mantra*. Wie ein *Mandala* auf der bildlichen Ebene drückt jede Silbe eines Mantras einen Teilaspekt der kosmischen Kräfte oder eines Buddha aus. Das bekannteste und meistrezitierte Mantra des tibetischen Buddhismus lautet: »Om Mani Padme Hum«. Die Anfangs- und Schlußsilbe sind nicht direkt übersetzbar, der Mittelteil bedeutet: »Juwel in der Lotusblüte«.

ter (*Vajra*), weshalb diese Lehrrichtung zumeist als *Vajrayana* (Diamantfahrzeug) bezeichnet wird. Makellos wie ein Diamant soll der Geist des Buddhaschülers werden. Dazu hilft ihm eine reichhaltige Bilder- und Symbolwelt. Mandalas, Mantras und Götterstatuen drücken verschiedene Aspekte der Lehre aus. Unter der Anleitung eines Lehrers fixiert der Schüler seine Gedanken auf diese Aspekte und vertieft sich darin. Die Notwendigkeit eines Lehrers wird im Tantra-Buddhismus noch stärker hervorgehoben als im Theravada oder Mahayana. Denn es wäre zu schwierig und zu gefährlich, den Anweisungen der Texte allein zu folgen. Ihr Sinn erschließt sich nur dem Eingeweihten, was in ihnen beschrieben wird, ist bewußt geheimnisvoll und gleichnishaft gehalten. Die Yogaübungen, von denen der Buddha nur die Beobachtung des Atems zur Steigerung der Konzentrationsfähigkeit hervorhob, werden im Tantra zu einem wesentlichen Bestandteil der Praxis. Der ganze Körper soll dabei in den Wandlungsprozeß mit einbezogen werden.

Gerechtfertigt wird die Bedeutung des Körpers mit der Unfähigkeit der Menschen, sich erfolgreich einer ausschließlich geistigen Disziplin zu unterziehen. Dies sei zur Zeit des Buddha möglich gewesen, aber inzwischen hätten sich die Verhältnisse zum Schlechteren gewendet, und den Menschen sei der direkte Zugang zur Wahrheit verschlossen. Eine tantrische Legende erzählt, wie ein König den Buddha nach einem der Zeit angemessenen Heilsweg fragte. Der Buddha belehrte ihn darauf, daß der Kosmos sich im Körper des Menschen befinde, wie wichtig die Sexualität sei und wie man durch die Schulung der Atemtechnik die Zeit beherrschen könne. Wie schon das Mahayana, so greift auch der Tantrismus die Worte des Buddha in einer Weise auf, daß das Neue als folgerichtige Weiterentwicklung der ursprünglichen Lehre erscheint. Es ist ein gängiges Motiv in der Religionsgeschichte, daß spätere Generationen eine »verborgene« Botschaft in den Aussagen eines Religionsstifters entdecken, die erst ans Tageslicht kommen konnte, als die Zeit dafür reif war. Dies ist ein Zeichen für die Dynamik einer Religion und

Mandala

Die Grundform eines Mandalas besteht aus konzentrischen Kreisen, die ein Quadrat umschließen. Innerhalb des Quadrats befinden sich wiederum Kreisringe. Das Zentrum kann von einem Buddha, einem Bodhisattva oder einer Gottheit eingenommen werden. Dieses geometrische Muster wird als Bild oder als räumliches Modell in unterschiedlichsten Variationen dargestellt und symbolisiert sowohl Innen- als auch Außenwelt. Jedes Detail der oft farbenprächtigen Mandalas hat seine Bedeutung und hilft dem Meditierenden bei der Visualisierung einer Gottheit und beim Umgang mit der dadurch hervorgerufenen spirituellen Energie. Im fortgeschrittenen Stadium erkennt er, daß alle bei der Meditation entstandenen Bilder seinem eigenen Geist entsprungen sind.

für ihre Kraft zur Anpassung an veränderte äußere Bedingungen, keine Degeneration der »reinen Lehre«.

Ein starres Festhalten an dem ursprünglich Gemeinten führt zu einer Verengung der Lehre, die dann auf die sich wandelnden Lebensbedingungen keine ausreichende Antwort mehr geben kann. Und selbst der Theravada-Buddhismus ist heute ein anderer als zur Zeit des Buddha.

V. Die buddhistische Gemeinschaft

Auch wenn die Klöster ein wesentlicher Pfeiler der buddhistischen Gemeinschaft sind, finden darin auch andere Platz, denn ohne die Unterstützung durch die Laienanhänger könnten die Mönche nicht die Pflichten erfüllen, die ihnen vorgeschrieben sind. Allein schon deshalb nicht, weil sie ihren Lebensunterhalt nur durch Betteln bestreiten dürfen. In den Ländern allerdings, in denen die buddhistischen Gemeinden nur wenige Mitglieder zählen, müssen auch die Mönche außerhalb der Klöster arbeiten und dadurch gegebenenfalls ihre eigentlichen Aufgaben vernachlässigen. Dort ist ihr Einfluß geringer, vor allem in den Ländern, die in einer anderen religiösen Tradition stehen. So legen zum Beispiel die durch den Konfuzianismus geprägten Chinesen mehr Wert auf ihre Familie und ihr materielles Wohlergehen als auf das mönchische Ideal.

1. Die Mönche

Nicht alle Regeln für das Zusammenleben der Mönche gehen auf den Buddha zurück, die Grundzüge wurden jedoch von ihm selbst festgelegt. Mit fünfzehn Jahren konnte ein Jugendlicher Novize werden und in die sogenannte »Hauslosigkeit« gehen. Dazu genügte die Zufluchtsformel, daß er seine Zuflucht beim Erleuchteten, bei der Heilslehre und bei der Ordensgemeinschaft nahm. Außerdem mußte er das gelbe Gewand anlegen und sich Haar und Bart scheren lassen. Im Alter von zwanzig Jahren konnte er vollgültig ordiniert werden, indem er vor der versammelten Mönchsgemeinde vom Vorsteher zu verschiedenen Punkten befragt wurde. Der angehende Mönch durfte keine Krankheiten haben, kein Soldat oder Leibeigener sein, und seine Eltern mußten ihre Einwilligung erteilt haben. Soldaten oder Sklaven aufzunehmen, hätte einen Konflikt mit der weltlichen Macht bedeutet, mit der die Buddhisten im Einvernehmen leben wollten, was ihnen zumeist auch gelang. Dreimal wurde die Befragung wiederholt, wenn die Antworten befriedigend ausfielen, wurden die Mönche aufgefordert, etwaige Einwände gegen den Neuling vorzubringen. Falls alle schwiegen, galt dies als Zustimmung, und der Novize erhielt die Mönchsweihe.

Die Mönchsregeln

1. Ein Mönch darf keinen Geschlechtsverkehr ausüben.
2. Ein Mönch darf nichts nehmen, was ihm nicht freiwillig gegeben wird.
3. Ein Mönch darf keinem Lebewesen schaden.
4. Ein Mönch darf sich nicht rühmen, übermenschliche Fähigkeiten zu besitzen.

Die Gebote, die er einzuhalten hatte, wurden durch Ausnahmen erleichtert. Als Nahrung durfte er nur das zu sich nehmen, was er auf seinen Bettelgängen erhalten hatte, meist Reis und Brot. Aber es war ihm sehr wohl erlaubt, Einladungen anzunehmen und Spenden zu behalten, die ihm aus besonderen Anlässen, etwa bei Feiertagen, gemacht wurden.

Seine Kleidung sollte aus Lumpen bestehen, wenn jedoch Laien ihm bessere Gewänder schenkten, mußte er diese nicht zurückweisen.

Als Schlafplatz war ein Lager am Fuße eines Baumes vorgeschrieben, doch er durfte sich auch in einem Kloster, einer kleinen Unterkunft oder einer Höhle aufhalten.

Für den Fall, daß er krank würde, hatte er sich mit dem Urin von Kühen als Arznei zu begnügen, aber auch Butter, Öl oder Honig waren gestattet.

Persönliches Eigentum, das über die Habseligkeiten,

die ein Mönch stets bei sich führte, hinausging, war verboten. In seinem Besitz befanden sich acht Dinge: drei Kleidungsstücke, eine Bettelschale für die Almosen, ein Messer für die Rasur, eine Nadel zum Flicken der Robe, ein Gürtel und ein feines Leintuch, um das Trinkwasser zu filtern.

Zehn Jahre verblieb ein Mönch unter der Obhut eines Lehrmeisters, bevor er selbst Schüler unterweisen konnte. Gemäß der Lehre des Buddha war jeder Mönch selbst verantwortlich für sein Leben und für die Fortschritte, die er auf dem Weg zur Erleuchtung machte. Mit den anderen Mönchen stand er in keinem besonders engen Kontakt, und er war ihnen lediglich durch die Beachtung der für alle geltenden Regeln verbunden. Die meisten Mönche lebten für sich allein, zogen durch die Dörfer, unterrichteten diejenigen, die ihnen zuhören wollten, und meditierten an einsamen Orten. Wenn jemand den Wunsch verspürte, wieder ein anderes Leben zu führen, konnte er aus der Gemeinschaft austreten, ohne Sanktionen befürchten zu müssen. Nach dem Austritt war es ihm sogar möglich, als Laie weiterhin Buddhist zu bleiben. Zweimal im Monat, bei Vollmond und Neumond, trafen sich die Mönche einer Region zu Beichtversammlungen. Alle mußten erscheinen, nur bei Kranken wurde eine Ausnahme gemacht. Der Gemeindeälteste trug die Beichtformel vor, in der die Anwesenden aufgefordert wurden, Verfehlungen zu bekennen. Die vier schwerwiegendsten waren Verstöße gegen die Mönchsregeln: Geschlechtsverkehr, Diebstahl, Schädigung von Lebewesen und die falsche Behauptung, geistige Vollkommenheit zu besitzen. Dreimal richtete der Älteste die Frage an die Versammlung, ob sich jemand einer dieser Verfehlungen schuldig gemacht habe. Schweigen bedeutete, sich keines Vergehens bewußt zu sein. Wer die Frage bejahen mußte oder von anderen überführt worden war, wurde aus der Gemeinschaft ausgeschlossen.

Eine zeitweilige Strafe zogen geringere Verstöße nach sich. Dazu gehörten körperlicher Kontakt mit Frauen und unziemlicher Umgang mit Mönchsbrüdern, etwa Belästigungen bei der Meditation oder jähzornige Worte. Insgesamt umfaßte die Liste der Verbote über 200 Einzelvorschriften, die das gesamte tägliche Leben regelten. Da es genügte, die Übertretung eines Verbots einem anderen Mönch unter vier Augen zu beichten, konnten die Fragen des Versammlungsleiters meist mit Schweigen beantwortet werden. Schwerwiegende Fehltritte waren dadurch allerdings nicht zu verheimlichen, denn alle Mönche waren aufgefordert, auch das zu berichten, was sie über andere wußten, um die einwandfreie Aufrechterhaltung der Ordensdisziplin zu gewährleisten.

Ein längeres Beisammensein vieler Mönche gab es anfangs nur während des Monsuns, wenn regensichere Unterkünfte aufgesucht wurden. Später entstanden daraus feste Klöster, in denen die Mönche auf Dauer zusammenlebten.

Der Tagesablauf dort ist streng geregelt. Die Mönche stehen früh auf, spätestens mit Beginn der Morgendämmerung, aber oft auch früher, und kommen zu gemeinsamen Andachten und Meditationen zusammen. Anzahl und Form der Meditationen variieren je nach Lehrrichtung. So sitzen japanische Zenmönche schweigend in stundenlanger Versenkung, während tibetische Lamas Mantras rezitieren und Bilder und Statuen als Vorstellungshilfen verwenden. Am Vormittag verlassen die Mönche das Kloster und sammeln Almosen. Die Hauptmahlzeit wird am Mittag eingenommen; sie besteht aus den Nahrungsmitteln, die die Laien gespendet haben. Vor allem in abgelegenen Gebieten betreiben manche Klöster auch Landwirtschaft und verfügen über eine eigene Küche. Nach dem Mittagsmahl nehmen Theravadamönche erst am nächsten Morgen wieder etwas zu sich, im Mahayana ist zusätzlich ein Abendessen erlaubt. Essen und

Trinken sind notwendig, um den Körper am Leben zu erhalten, besonderen Genuß sollen die Speisen nicht bereiten. Meditationen, Textstudien und Arbeiten im Kloster wechseln einander ab, bis der Tag gegen 22.00 Uhr endet.

2. Die Nonnen

Von den Frauen hatte der Buddha keine besonders gute Meinung. Er bezeichnete sie als das größte Übel und als Gefahr für den geistigen Fortschritt der Mönche. Sie fesselten die Männer durch ihr Äußeres, durch ihre Begehrlichkeit und durch ihr falsches Reden. Lüge sei ihnen wie Wahrheit, Wahrheit wie Lüge. Jähzorn, Eifersucht, Neid und Dummheit seien ihre vorherrschenden Charaktereigenschaften. Sie hätten gerade so viel Verstand, um festzustellen, ob ein Reiskorn weichgekocht sei. Nicht nur der Umgang mit einer Frau, sondern schon ihr Anblick könne den Mönch von seinem Weg abbringen. Deshalb warnte der Buddha seine Jünger immer wieder, achtsam zu sein und Kontakte zum anderen Geschlecht sorgsam zu vermeiden.

Hinter dieser Auffassung steht das Ideal des selbstbeherrschten Asketen, dem es einzig um das Zurruhekommen aller triebhaften Regungen und aller Anhaftungen am Weltlichen geht. Denn durch den Schoß der Frau tritt der Mensch erneut in den verhängnisvollen Kreislauf der Geburten ein. Und die Frau ist es, die den endgültigen Stillstand dieses Kreislaufs erschwert oder gar vereitelt. Sie hat darauf zu hoffen, in einem der nächsten Leben als Mann wiedergeboren zu werden. Mit seiner Meinung stand der Buddha nicht allein da, auch die hinduistischen Yogis und Brahmanen hatten ein solches Frauenbild. Für den, der das Unheil nicht in der Art der menschlichen Existenz, sondern im Leben an sich sieht, ist eine derartige Haltung eine notwendige und akzeptable Konsequenz. Ihm verschafft die Befriedigung der Begierden nur einen kurzfristigen, täuschenden Genuß. Um ein Feuer zum Erlöschen zu bringen, muß man kompromißlos die Brennstoffzufuhr unterbrechen. Diese Einstellung auf rein psychologische Faktoren zurückzuführen, ist zu einseitig gedacht und verfehlt den Kern des Anliegens. Das heute im Westen gültige Welt- und Menschenbild kann nicht als Wertmaßstab für die Beurteilung einer außerchristlichen Religion herangezogen werden. Zudem hat sich im Laufe der Entwicklung auch im Buddhismus einiges geändert. Insbesondere im Mahayana ist die Frau längst nicht mehr vollkommen untergeordnet.

Vom Buddha selbst jedoch wurden die Frauen zwar respektiert, aber nicht als vollwertige Mitglieder seiner Gemeinschaft anerkannt. In den Berichten über die Bekehrung der ersten Jünger tauchen keine Frauen auf. Er hat ihnen auch niemals persönlich gepredigt, sondern diese Aufgabe stets seinen Schülern überlassen, unter Auflage strenger Verhaltensnormen. Dazu gehörte die Einhaltung eines gebührenden Abstands und die Vermeidung von Blickkontakten. Außerdem mußten mindestens zwei Mönche bei der Belehrung anwesend sein.

Daß es dennoch zur Bildung einer Nonnengemeinschaft kam, ist den Bemühungen der weiblichen Verwandten des Buddha zu verdanken, in erster Linie denjenigen seiner Stiefmutter. Als es schließlich soweit war, reagierte der Buddha mit der Prognose, daß sein Orden allenfalls noch 500 Jahre bestehen würde, weil sich nun die Frauen »wie Mehltau« auf die Lehre gelegt hätten. Ihnen wurden nicht die gleichen Rechte wie den Mönchen eingeräumt. Es galten auch wesentlich rigidere Ordensregeln. So mußte eine Nonne, selbst wenn sie schon lange der Gemeinschaft angehörte, jedem Mönch Ehrerbietung zeigen, auch einem, der gerade erst ordiniert wurde. Während der Regenzeit hatte sie den Bezirk zu meiden, in dem sich die Mönche aufhielten. Um die Erlaubnis zur Teilnahme an den Beichtfeiern mußte sie ausdrücklich nach suchen. Vor der Ordination hatte sie eine längere Vorbereitungsphase zu durchlaufen als die männlichen Aspiranten. Sie durfte auch von sich aus keinen Mönch ansprechen.

Heute verweigern nur noch die Theravada-Mönche den Frauen die gleichen Rechte. Für sie gelten Nonnen als besonders eifrige Laien, die trotz der Befolgung der Regeln keinen echten Ordensstatus haben. In den Ländern, in denen die Mahayana-Buddhisten die Mehrheit bilden, sind Mönche und Nonnen mittlerweile gleichgestellt.

3. Die Laien

Traditionsgemäß betrachteten die Laien über viele Jahrhunderte die Mönchsgemeinschaft (*Sangha*) als die einzige buddhistische Organisation. Doch im Zuge der technologischen Entwicklung und der Konfrontation mit westlichen Ideologien bildeten sich auch Laienvereinigungen. Sie arbeiten heute vielfach mit dem Sangha des jeweiligen Landes zusammen und kümmern sich vorrangig um die Wohlfahrt. Nach der Auffassung des Theravada können nur die buddhistischen Mönche den Weg zur Erleuchtung gehen. Im »Großen Fahrzeug« des Mahayana dagegen ist auch Platz für diejenigen, die den Weg der Weltabkehr nicht gehen können oder wollen. Zwar sehen auch sie das mönchische Leben als Ideal an, aber sie kennen durchaus Fälle, in denen ein Laie spirituelle Vollkommenheit erreichen konnte.

Die bedeutsamsten Laien in der Geschichte des Buddhismus waren immer die Herrschenden. Ohne ihre Unterstützung hätte sich diese Religion niemals so ausbreiten können, wie sie es getan hat. Zu allen Zeiten waren die Buddhisten deshalb auf ein gutes Verhältnis zur Obrigkeit bedacht. Sie stellten deren Machtanspruch nicht in Frage und durften sich umgekehrt des Wohlwollens der staatlichen Führung gewiß sein, es sei denn, es hätten politische Umwälzungen stattgefunden. Dabei kann man an die Rückbesinnung in China auf den Konfuzianismus, in Japan auf den Shintoismus oder in neuerer Zeit an kommunistische Machtübernahmen denken. Wenn es um weltliche Belange ging, zeigte der Buddhismus meist einen gesunden Pragmatismus und konnte so seine wichtige soziale und kulturelle Rolle beibehalten. Aber auch die Staatsführung profitierte von der Legitimation, die sie durch den Buddhismus unter der Voraussetzung erhielt, daß das Volk nicht unter der Regierung zu leiden hatte. Denn wenn es dem Volk schlecht ging, hatte auch der Buddhismus einen schweren Stand, da er sich von seinem Selbstverständnis her kaum bereit finden konnte, ein repressives Regime mitzutragen. Eine Teilnahme an kriegerischen Handlungen, geschweige denn an Eroberungskriegen, ist Buddhisten nicht vorzuwerfen. Geringfügige Ausnahmen bestätigen diese Regel.

4. Der Kultus

Ohne sich an seine jeweilige Umwelt anzupassen und damit bestimmte Elemente anderer Religionsformen zu übernehmen, wäre der Buddhismus auf Dauer nicht existenzfähig gewesen. Schon der Buddha hatte die Bedürfnisse der gläubigen Laien erkannt und in seinen Belehrungen darauf Rücksicht genommen. Er hatte ja den »mittleren Weg« zwischen reiner Askese und ausschließlichem Weltleben aufgezeigt. Diese »Geschicklichkeit in der Anwendung der Mittel« (Upaya), das heißt das Eingehen auf die Wesensart und die Neigungen der Menschen, wurde zu einer Tugend erhoben, der sich die buddhistischen Missionare mit Erfolg befleißigten. Sie vermieden es, die Religionen der Länder, in die sie kamen, als Irrglauben zu bekämpfen, sondern stellten sie als vorbereitende Stufen oder sogar als Bestandteil des Buddhismus dar. Ebenso billigten sie die Beibehaltung bestimmter Kultformen oder interpretierten sie in ihrem Sinne um. Dadurch erleichterten sie die Annahme ihrer Lehre oder erreichten in der Regel zumindest, daß sie geduldet wurde.

Den Anforderungen des Achtfachen Pfades, der keine Hinweise auf kultische Praktiken enthält, können nur die Mönche vollkommen genügen, weil sie sich ganz dem religiösen Leben widmen. Die Laien dagegen sind darauf angewiesen, die buddhistischen Ideale mit ihrem Alltagsleben in Einklang zu bringen. Nach dem Aussprechen der Zufluchtsformel gehören sie der buddhistischen Gemeinschaft an und müssen auf die Einhaltung der fünf Verpflichtungen bedacht sein (nicht zu töten, nicht zu stehlen, die sexuellen Begierden zu kontrollieren, nicht zu lügen und sich nicht zu betrinken). Doch für den sozialen Zusammenhalt einer Religionsgemeinschaft ist mehr nötig als ein Bekenntnis und das Befolgen von Verhaltensregeln. Wie in jeder anderen Religion bildeten sich deshalb auch im Buddhismus Riten heraus, die man in ihrer Gesamtheit als Kultus bezeichnet.

Ein Ritus ist ein überlieferter Brauch, etwa eine Totenzeremonie oder eine Wallfahrt. In seinen Grundzügen geht er meistens auf die Religion zurück, die von der neuen verdrängt wurde, wobei sich sein Bedeutungsgehalt wandelt. Die Verehrung von Götterbildern zum Beispiel war ein gebräuchlicher Ritus im Hinduismus. Auch die Buddhisten stellen Buddhastatuen in ihren Häusern auf oder pilgern zu Orten, wo Reliquien aufbewahrt werden. Sie betonen aber, daß sie nicht das sichtbare Abbild anbeten, sondern sich mit dessen Hilfe nur die Lehre und die Vollkommenheit des Erwachten vergegenwärtigen.

Die alten Gebräuche verschwanden mit dem Auftreten des Buddhismus nicht von heute auf morgen. Deshalb ist es nichts Ungewöhnliches, daß die Gottheiten, zu denen man früher gebetet hatte, oft weiterhin um Schutz und Beistand angerufen wurden. Zwar können die Götter den

Menschen nicht ans Heilsziel führen, weil sie selbst sterblich sind, aber ihr Einfluß kann dazu beitragen, die alltäglichen Sorgen und Nöte zu bewältigen. Wie im katholischen Christentum eine Reihe von Schutzheiligen für gewisse Lebenssituationen zuständig sind, so wenden sich auch viele Buddhisten an die Götter der alten Religion oder an Buddhas und Bodhisattvas. Geburt und Tod, Heirat und beruflicher Erfolg, Gesundheit und Krankheit, Hausbau und Reisen, Aussaat und Ernte, kurz alles, was die Lebenszusammenhänge des Menschen betrifft und über sein Glück oder Unglück entscheidet, ist mit der religiösen Praxis verbunden.

Dies darf nicht abwertend als »Polytheismus« (Verehrung vieler Götter) bezeichnet werden, denn der Mittelpunkt des Glaubens ist unzweifelhaft die buddhistische Lehre. Hinzu kommt, daß in den asiatischen Religionen generell keine so scharfe Trennlinien wie im Westen gezogen werden. Fremdes Ideengut wurde in Asien seit alters her in das eigene Glaubenssystem übernommen und relativ leicht als ein Teil davon betrachtet, ohne daß darin ein unüberbrückbarer Widerspruch gesehen wurde. Das Bestreben ging eher in Richtung einer harmonischen Einordnung und Synthese als zu einer Unterscheidung zwischen wahr und falsch.

Buddhistische Familien haben einen Altar in ihrem Haus, auf dem sich ein Buddhabildnis oder eine Statue befindet. Auf dem Altar stehen außerdem Butterlämpchen, Behälter für Räucherwerk und Schalen mit Wasser, Reis und Früchten. Bei den täglichen Andachten vor dem Hausschrein werden Texte aus den heiligen Schriften rezitiert. In den Klöstern finden diese Andachten zweimal pro Tag statt, am Morgen und am Abend. Zu besonderen Anlässen wie den Beichtversammlungen, die wie in den früheren Zeiten am Vollmond- und am Neumondtag abgehalten werden, kommen die Laien mit Spenden ins Kloster und lassen sich von den Mönchen über religiöse

Dinge belehren. Auch der Brauch, die Regenzeit von Juli bis Oktober gemeinsam im Kloster zu verbringen, wurde bis heute beibehalten. während der übrigen Monate des Jahres können die Mönche die Pilgerorte besuchen oder zu anderen Klöstern reisen.

Alle weiteren großen Feiertage fallen auf einen Vollmondtag: der Tag der Verkündigung der Mönchsregeln durch den Buddha im Februar; die Geburt des Buddha im Mai (das wichtigste Fest, weil zugleich der Erleuchtung und des Todestages des Stifters gedacht wird); die erste Predigt des Buddha im Juli und die Aussendung der ersten Missionare im Oktober. Diese Feiertage sind Volksfeste, an denen in den überwiegend buddhistischen Ländern auch die Staatsregierungen teilnehmen. Darüber hinaus gibt es noch einige nicht direkt buddhistische Festtage, wie etwa den Beginn der Regenzeit oder das Neujahrsfest.

Das Ziel von Pilgerfahrten sind besonders die Wirkungsstätten des Buddha. An erster Stelle steht Bodh-Gaya, der Ort des endgültigen Erwachens. Hier wurde ein 55 Meter hoher Tempel errichtet, aber nicht er, sondern der Feigenbaum, unter dem der Buddha meditierte, bildet den Mittelpunkt des Interesses der Gläubigen. Der Baum ist mit bunten Fahnen und Wimpeln geschmückt und wird von Mönchen gepflegt. Am Gedenktag zur Erleuchtung des Buddha finden sich Tausende von Pilgern zu feierlichen Prozessionen ein.

Eine Woche nach dem Tod des Buddha in Kushinara wurde der Leichnam eingeäschert. Die Knochen- und Aschenüberreste wurden als Reliquien an verschiedene Orte gebracht. Zur Aufbewahrung errichtete man kuppelförmige Bauwerke (Stupa), in die eine Urne mit Teilen der Asche oder der Knochen eingemauert wurde. Im vierten Jahrhundert n. Chr. gelangte ein Zahn des Buddha nach Sri Lanka, wo er bis heute als Nationalheiligtum verehrt wird. Außer den großen Stupas gibt es auch noch unzählige kleinere.

Stupa

Ursprünglich als Grabmal für die sterblichen Überreste des Buddha erbaut, wurde der *Stupa* zu einem der Hauptsymbole des Buddhismus. Ein Stupa enthält entweder Reliquien, wie Knochen oder Zähne des Buddha, oder heilige Texte und Gegenstände. Diese werden jedoch nicht verehrt, sondern dienen als Hilfsmittel zur Vergegenwärtigung der Lehre und zur Meditation. Wenn ein Gläubiger um einen Stupa – oder auch um eine Buddha-Figur – herumgeht, muß er dem heiligen Kunstwerk seine rechte Körperseite zuwenden. Die ältesten erhaltenen Stupas stammen aus dem dritten Jahrhundert v. Chr. Der tibetische Begriff für Stupa lautet *Chörten*.

Sinnbildlich steht der kubische Unterbau für das Element Erde und die Grundlagen des Bewußtseins. Die Votivgaben sind im gewölbten Mittelteil eingemauert, der das Element Wasser und den Geist der Er-

leuchtung repräsentiert. Über dem Mittelteil erhebt sich eine konische Spitze, deren 7 bis 13 Ringe verschiedene Erleuchtungsstufen darstellen. Ihr Element ist das Feuer. Sie wird von einem kleinen Schirm gekrönt, dessen Element die Luft ist. Den Abschluß bildet die auf einer Mondsichel ruhende Sonnenscheibe, ein Zeichen für die Vereinigung der Polaritäten und für das Element Äther, der Sphäre des universellen Bewußtseins.

Die Darstellungen des Buddha unterscheiden sich je nach den einzelnen Schulrichtungen. Im Theravada begnügt man sich mit Bildern und Statuen, die den Buddha meditierend oder lehrend zeigen. Mahayana-Klöster haben eigene »Buddha-Hallen«, in denen auch die anderen Erscheinungsformen des Buddha, etwa der zukünftige Maitreya-Buddha, und Bodhisattvas dargestellt werden. Am vielgestaltigsten präsentiert sich der tibetische Buddhismus mit seinen detailreichen Malereien und Skulpturen.

Stupas und freistehende Buddhabilder werden im Uhrzeigersinn umschritten. Die Gläubigen bezeugen ihre Verehrung, indem sie die Hände aneinanderlegen, sich verneigen oder niederknien. Die mitgebrachten Opfergaben werden dem Priester übergeben oder auf den Altar gelegt. In Thailand kann man außerdem in den Tempeln Blattgold kaufen, das dann auf die jeweiligen Statuen aufgeklebt wird.

Da es ohne Mönche keinen Buddhismus gäbe, kommt der Mönchsweihe eine große Bedeutung zu. Für eine Familie ist es ein ganz besonderes Ereignis, wenn einer ihrer Söhne ins Kloster eintritt. Vor der Weihe wird ein Fest veranstaltet, bevor dem Novizen der Kopf kahlgeschoren wird und er sein Mönchsgewand erhält.

Ein weiterer wichtiger Ritus ist das Rezitieren aus den

heiligen Schriften. Nicht nur in der Mönchsgemeinschaft werden die Texte gelesen, oder genauer gesagt gesungen, sondern auch bei weltlichen Ereignissen. Zur Einweihung eines neuen Hauses oder eines Geschäftes laden die Besitzer einige Mönche ein, damit sie mit ihren Rezitations-

Tibetisches Totenbuch

Das Totenbuch ist eine Sammlung von Texten, die sich mit dem Prozeß des Sterbens und der Wiedergeburt beschäftigen. Es geht auf *Padmasambhava* zurück, der den Buddhismus nach Tibet brachte, und wurde im 14. Jahrhundert zu einem Lehrsystem ausgearbeitet. Im Original heißt es *Bardo Thödol* (Befreiung durch Hören im Zwischenzustand).

Ziel des Totenrituals ist es, den Verstorbenen durch die jenseitigen Bereiche zu leiten. Nach ausführlichen Vorbereitungen beginnen die Mönche damit, dem Geist des Toten mehrere Tage lang zu erläutern, was ihm bei seinem Herumirren im Bardo begegnet. Sie warnen ihn davor, sich von den Lichtstrahlungen und Visionen anziehen zu lassen, die zu einer Wiedergeburt in der Götter-, Menschen- oder Tierwelt führen. Falls der Tote während seines Lebens genügend positives Karma erwerben konnte, ist er in der Lage, den Anweisungen der Mönche zu folgen, das Wesen seines eigenen Geistes zu erkennen und noch im Bardo ins Nirwana einzugehen. Zumindest aber hat er die Möglichkeit, eine für ihn vorteilhafte Reinkarnation zu erreichen.

Es gilt als nützlich, schon zu Lebzeiten das Totenbuch zu studieren, um sich mit den Manifestationsformen und Funktionen der Buddhas, Bodhisattvas, Gottheiten und Dämonen vertraut zu machen und sich so für den Eintritt in den Zustand nach dem Tod zu rüsten.

gesängen Glück bringen. Bei Todesfällen werden auf Wunsch einer trauernden Familie spezielle Texte für die verstorbenen Angehörigen vorgetragen. Der Vajrayana-Buddhismus hat dazu ein kompliziertes Ritual entwickelt, das im *Tibetischen Totenbuch* beschrieben ist. Während manche buddhistische Schulen meinen, die Wiedergeburt folge unmittelbar nach dem Sterben, ist im Tibetischen Totenbuch von einem Zwischenzustand (Bardo) die Rede, der 49 Tage dauern soll. In dieser Zeit kann ein Mönch dem Verstorbenen durch Rezitationen helfen, die auftretenden Lichtphänomene und Erscheinungen richtig zu deuten und ihm so eine günstige Wiedergeburt sichern.

VI. Die Ausbreitung des Buddhismus

Für die weitere Entwicklung des Buddhismus war China von besonderer Bedeutung. Dort entstanden die Schulen des *Zen-* und des *Amida-Buddhismus*. Über die Seidenstraße hatten Kaufleute, Reisende und Mönche kurz nach der Zeitenwende die Lehre des Buddha nach China gebracht, wo sie anfangs allerdings auf wenig Gegenliebe stieß.

1. Der Buddhismus in China

Als ein Volk mit einer alten und hochentwickelten Kultur sahen die Chinesen sich selbstbewußt im Zentrum der Welt und zeigten keine Neigung, sich von Fremden über kulturelle und religiöse Dinge belehren zu lassen. Konfuzius (551–479 v. Chr.) hatte das Ideal eines stabilen, harmonischen Gleichgewichts aller Kräfte aufgestellt. Vom Kaiser bis zum einfachsten Arbeiter war jedem eine Aufgabe zugedacht, die es zu erfüllen galt. Die menschliche Gemeinschaft konnte nur funktionieren, wenn sie die Tradition in Ehren hielt und sich an der kosmischen Ordnung orientierte. Der Grundbegriff für das Verhältnis des Menschen zur Welt war das *Tao*. Tao heißt soviel wie »Weg«, womit sowohl die Abläufe der natürlichen Gesetzmäßigkeiten als auch das Leben des Menschen im Einklang mit diesen Gesetzmäßigkeiten gemeint sind. Die Familie und ihre Funktion im Staatsganzen standen für Konfuzius in hohem Ansehen. Er predigte ein pflichtbewußtes diesseitiges Leben in Gerechtigkeit und Sittlichkeit. Der Gedanke, die Welt abzulehnen und sein Heil in Askese und Meditation zu suchen, war ihm völlig fremd.

Eine andere Deutung des Tao stammt von dem chinesischen Heiligen Laotse. Er brachte es in erster Linie mit dem Erleben des einzelnen als mit der sozialen Ord

Taoismus

Das Tao drückt sich in zwei Prinzipien aus: *Yin* und *Yang*. Yin ist das weibliche, dunkle und passive Prinzip, Yang das männliche, lichte und aktive. In allen Dingen kommen Yin und Yang zum Vorschein, das eine kann ohne das andere nicht sein. Wenn sie ausgewogen sind, ist die Weltordnung gewahrt. So sind Mann und Frau nur gemeinsam »Mensch«, allein bleiben sie unvollständig. Die Möglichkeit, bestimmte Begriffe des Taoismus mit denen des Buddhismus in Beziehung zu setzen, erleichterte den Chinesen das Verständnis der neuen Lehre. Das unbenennbare Tao zum Beispiel fand seine Entsprechung im ebenfalls unbenennbaren Nirwana.

nung in Verbindung und begründete mit seiner Lehre den *Taoismus*.

Als die ersten Buddhisten chinesischen Boden betraten, war der *Konfuzianismus* Staatsideologie. Dementsprechend wechselhaft verlief die Missionierungsgeschichte. Zuerst wurde der Buddhismus nur von den ausländischen Gemeinden akzeptiert, das Eindringen in breitere Bevölkerungsschichten gelang ihm erst allmählich. Dabei kam ihm zustatten, daß es mit dem Taoismus noch eine andere religiöse Tradition neben dem Konfuzianismus gab.

Entscheidender aber war der Zusammenbruch der Han-Dynastie 220 n. Chr. Das Reich der Mitte zerfiel in drei sich bekämpfende Königtümer und wurde im Norden von ostasiatischen Hunnen besetzt. In den Augen vieler Gebildeter hatte der Konfuzianismus versagt, weil er die alte Ordnung nicht bewahren konnte. Sie wandten sich nun verstärkt dem Taoismus und dem Buddhismus zu. Mit den vor den Kriegswirren Flüchtenden gelangte der Buddhismus in die verschiedenen Landesteile des Riesenreichs und fand auch Zutritt zu manchen Königshöfen. Es waren nicht immer religiöse Motive, die die Mächtigen veranlaßten, den Buddhismus zu fördern. Er erschien ihnen bisweilen einfach als ein probates Mittel, taoistischen oder konfuzianistischen Rivalen zu begegnen und die Bevölkerung gegen deren Herrschaftsansprüche zu immunisieren. Wie schon in Indien unter Ashoka war also auch in China die Verbindung mit der politischen Führung ein wirksamer Faktor zur Ausbreitung der Lehre. Ein weiterer Grund für den Erfolg der Missionierung war die Unzufriedenheit der unter hohem Abgabezwang stehenden Bauernschaft. So mancher, der seine Steuern nicht mehr bezahlen konnte oder der Zwangsarbeit entgehen wollte, flüchtete sich hinter Klostermauern. Hinzu kam, daß die Buddhas und Bodhisattvas um Schutz und Hilfe angerufen werden konnten.

Die wachsende Anhängerschaft ermöglichte um die Mitte des dritten Jahrhunderts die Bildung eines chinesischen Sangha. Übersetzer unternahmen oft sehr beschwerliche Reisen nach Indien, die mehrere Jahre dauern konnten, brachten die buddhistischen Schriften mit nach Hause und schufen einen eigenen chinesischen Kanon, der im achten Jahrhundert vollendet wurde.

Von den etwa zehn Schulen, die der chinesische Buddhismus hervorbrachte, hat die Ch'an-Schule die größte schöpferische Kraft entwickelt. Sie ist im Westen unter ihrem japanischen Namen als Zen-Buddhismus bekannt geworden. Im Jahre 520 n. Chr. soll der südindische Buddhist Bodhidharma in China eingetroffen sein. All der Textstudien und formalisierten Übungen überdrüssig, hat er nach der Überlieferung neun Jahre lang auf eine Klosterwand gestarrt und ist so zur Erleuchtung gelangt. Damit ist gleich die entscheidende Grundhaltung des Zen angesprochen. Bücher und Konventionen werden als nutzloser Ballast betrachtet, denn alles, was zur Erleuchtung notwendig ist, befindet sich im Praktizierenden selbst und kann nur durch spontane Einsicht zum Durchbruch kommen. In den alltäglichen Verrichtungen liegt die wahre Weisheit, über gelehrte Worte nachzudenken, ist reine Zeitvergeudung. Die Berichte über Zen-Meister klingen daher häufig sehr unorthodox. Einer soll erleuchtet worden sein, als eine Kerze ausgeblasen wurde, ein anderer, als ein Ziegelstein herabfiel. Vorbereitet durch intensive Meditationen und äußerst konzentriert auf ihre Umwelt, genügte für sie ein banales Ereignis, um blitzartig den Zustand der Erleuchtung zu erreichen.

Die Wertlosigkeit der Tradition wurde durch ungewöhnliche Handlungen demonstriert wie das Verbrennen von hölzernen Buddha-Statuen oder das Töten von Tieren. Aber diese Verhaltensweisen wurden nicht vorsätzlich praktiziert, sondern galten als ein Zeichen dafür, daß der Zustand der Erleuchtung nicht mit normalen Maßstäben zu messen sei. Die Betonung der Nutzlosigkeit von Askese und Meditation und das spontane Eintreten der Erleuchtung heißt nicht, daß Zen als ein leichter Weg angesehen wurde. Im Gegenteil, die Schüler sind oft erst nach Jahren harter Übung am Ziel. Vorher müssen sie täglich stundenlang vollkommen ruhig sitzen – was als *Zazen* bezeichnet wird – und über die *Koans* ihres Meisters nachsinnen. Ein Koan ist eine paradoxe Frage, auf die es scheinbar keine Antwort gibt, zum Beispiel: »Wie ist der Ton einer klatschenden Hand?« Wenn der Schüler seinen Verstand bis zur völligen Erschöpfung strapaziert hat, um eine Antwort zu finden, ist das Tor zur plötzlichen Erkenntnis offen. Die Lösung des rational nicht zu bewältigenden Koans ist zugleich die Erlösung von den Irrwegen des Geistes. Dann werden die Dinge so wahrgenommen, wie sie eigentlich sind, hinter ihnen ruhen keine Geheimnisse, die mit metaphysischen Spekulationen ergründet werden könnten. Deshalb wird von einem Zen-Meister gesagt: »Wenn er ißt, dann ißt er, wenn er geht, dann geht er, wenn er schläft, dann schläft er.« Er tut dies mit völlig wachem Geist und im Bewußtsein, daß die Buddhanatur sich in allem befindet, auch im Häßlichen und Gemeinen.

Ab 700 n. Chr. trat die Zen-Schule als eigenständige Richtung in Erscheinung und erhielt um 750 ihre Ordensregeln. Dazu gehörte auch die Wertschätzung körperlicher Arbeit nach dem Motto: »Ein Tag ohne Arbeit ist ein Tag ohne Nahrung.« In den nächsten Jahrhunderten überflügelte die Zen-Schule alle anderen Richtungen und wurde zur wichtigsten Form des chinesischen Buddhismus. Auch wirtschaftlich ging es den Buddhisten in China immer besser. Sie besaßen große Ländereien und waren am Warenhandel beteiligt. In der Zeit der T'ang-Dynastie (618–907) erlebte der Buddhismus seinen kulturellen und geistigen Höhepunkt. Sein wachsender Einfluß erregte jedoch das Mißtrauen des Staates, der sich wieder mehr am Konfuzianismus ausrichtete. Als dann die Dynastie in einen Bürgerkrieg geriet und die königlichen Schatzkammern sich leerten, wurden im Jahre 845 Tausende von Klöstern und Tempeln zerstört und die Mönche zur Rückkehr ins Weltleben gezwungen. Obwohl die Mongolen im 13. Jahrhundert den Buddhismus noch einmal vorübergehend zur Staatsreligion machten, konnte er in China nie wieder an die Zeit seiner Blüte anknüpfen. Schätzungen über die Anzahl der Gläubigen im heutigen kommunistisch regierten China sind kaum möglich, vermutet werden bis zu 100 Millionen. Ganz verboten war der Buddhismus zwar nie, aber er stand unter staatlicher Oberaufsicht, deren Haltung in jüngster Zeit allerdings etwas toleranter zu werden scheint.

2. Der Buddhismus in Japan

Nach der Überlieferung machte eine koreanische Gesandtschaft 538 n. Chr. dem japanischen Kaiser eine Buddhastatue und einige religiöse Schriften zum Ge-

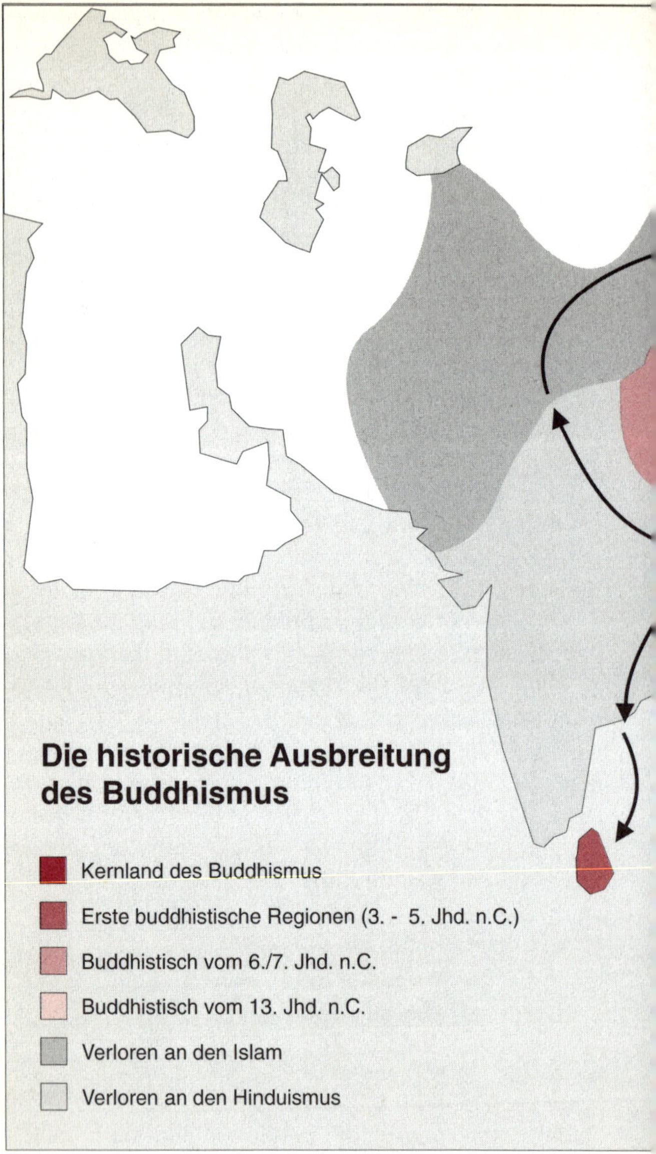
Die historische Ausbreitung des Buddhismus
Kernland des Buddhismus
Erste buddhistische Regionen (3. - 5. Jhd. n.C.)
Buddhistisch vom 6./7. Jhd. n.C.
Buddhistisch vom 13. Jhd. n.C.
Verloren an den Islam
Verloren an den Hinduismus

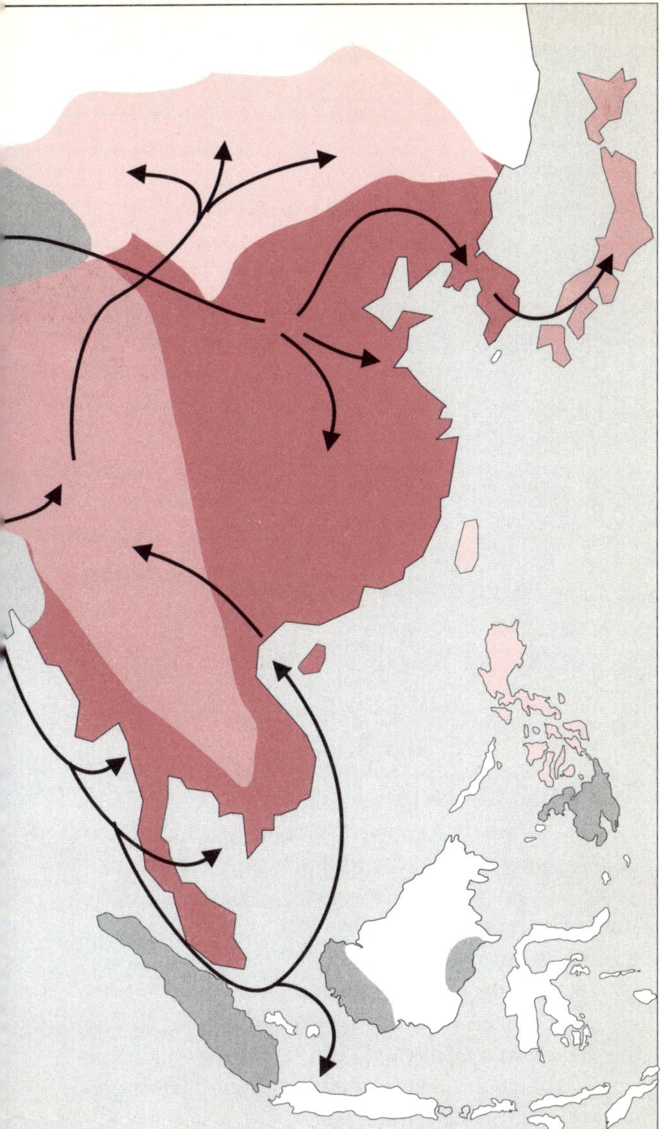

schenk. Der Kaiser ließ für die Statue einen Tempel errichten. Als dann wenig später eine Seuche ausbrach, wurde dies als ein Zeichen dafür gedeutet, daß die heimischen Götter des *Shintoismus* über die Annahme des Geschenks erzürnt waren. Daraufhin befahl der Kaiser das Niederbrennen des Tempels.

Geschichtlich faßbar wird der Buddhismus in Japan erst ab dem siebten Jahrhundert. Der herrschende Klan organisierte das Staatswesen nach chinesischem Vorbild und übernahm außer Literatur und Kunst auch religiöse Vorstellungen. Am meisten aber profitierte der Buddhismus im siebten Jahrhundert von der Gunst der Kaiserin Suiko und ihres Neffen, des Kronprinzen Shotoku, die beide zur neuen Lehre konvertierten und daran mitwirkten, daß sie sich beträchtlich ausdehnen konnte. Vorläufig blieb sie dabei jedoch die Religion der Oberschicht. Eine Änderung trat ein, als 794 Kyoto zur neuen Hauptstadt bestimmt wurde. Was als politischer Schachzug gedacht war, um die Adligen in der vormaligen Residenz Nara zu entmachten, erwies sich als Entwicklungsschub für den Buddhismus. Nun kam es zu zahlreichen japanischen

Shintoismus

Der Shintoismus ist die vorbuddhistische Religion Japans. In ihm gibt es eine Vielzahl von Natur- und Ahnengöttern, unter denen Amaterasu, die Sonnengöttin und Ahnherrin des Kaiserhauses, den obersten Rang einnimmt. Unter der Einwirkung des Konfuzianismus und des Buddhismus bildete er zwar ein komplexes religiöses System heraus, aber es gelang den buddhistischen Mönchen ohne größere Schwierigkeiten, ihn in ihre eigene Lehre zu integrieren, indem sie die alten Gottheiten mit den Buddhas und Bodhisattvas identifizierten.

Neugründungen, die die chinesischen Einflüsse in eine charakteristische japanische Form umsetzten.

Neben dem Zen-Buddhismus, der aus China kam und in Japan in den zwei Schulen des *Rinzai* und des *Soto* weiterentwickelt wurde, ist der Amida-Buddhismus die bedeutendste Neuerung. Er hat seine Wurzeln ebenfalls in China und wurde in der Heian-Periode (794–1184) zur volkstümlichen »Schule des Reinen Landes«. Nach ihrer Lehre hat der Amida-Buddha fünf Weltzeitalter lang schwere Bußübungen absolviert und am Ende das »Paradies im Westen« geschaffen. In dieses Paradies kann jeder eingehen, der sich der Gnade Amidas anvertraut. Eigene Verdienste muß er dazu nicht erwerben, es genügt, wenn er die Anbetungsformel »Namu Amida Butsu«, »Verehrung sei dem Buddha des unermeßlichen Lichtglanzes«, ausspricht. Zweihundert Jahre nach der Anfangszeit dieser Schule gab Honen-Shonin (1133–1212) ihr die heute gültige Form. Er wollte allen notleidenden Menschen einen »leichten Weg« zeigen und gewann damit eine große Anhängerschar. Sein Schüler Shinran-Shonin (1173–1262) glaubte jedoch die Menschheit in einem so schlechten Zustand, daß nicht einmal die ständige Wiederholung der Anbetungsformel ihr noch helfen könne. Die »Wahre Schule des Reinen Landes«, die er ins Leben rief, forderte, alle Hoffnung aufzugeben und sich gänzlich der Gnade Amidas zu ergeben. Shinran schaffte das Zölibat ab und stellte Mönche und Laien auf eine Stufe. Heute ist die »Wahre Schule des Reinen Landes« die größte buddhistische Gemeinschaft Japans.

Nichiren Shonin (1222–1282) war dagegen der Ansicht, alle damals existierenden Schulen seien vom richtigen Weg abgeirrt. Den Zen-Buddhismus brandmarkte er als »Hochmut«, den Amida-Buddhismus als »Weg zur Hölle«. Das Heil sah er einzig im *Lotus-Sutra*. Schon das Aussprechen des Titels führe zur Buddhaschaft, die in diesem Leben verwirklicht werden könne, und nicht erst in einem wie auch immer gearteten Paradies. Außerdem mischte er sich in die Politik ein und verlangte von den Herrschenden die Unterdrückung aller abweichenden und ketzerischen Lehren, damit ein Buddha-Reich entstehen könne, das von Japan aus die ganze Welt umfassen sollte. Seine radikale Haltung hatte Anfeindungen zur Folge, um so mehr, als er auch die Regierenden kritisierte. Nach einem bereits verhängten Todesurteil wurde er jedoch begnadigt und in die Verbannung geschickt. Auch die Nichiren-Schule, aus der im 20. Jahrhundert mehrere neue Religionen hervorgingen, hat noch zahlreiche Anhänger.

Für viele Japaner ist es üblich, sowohl dem Shintoismus als auch dem Buddhismus anzugehören und in ihren Heimen Shinto- und Buddhaaltäre nebeneinander aufzustellen. Je nach Anlaß tritt die eine oder die andere Religion in den Vordergrund. So wird etwa in Shintotempeln um Glück und Gesundheit gebetet, während Totenfeiern in buddhistischen Tempeln stattfinden. Mit der Restauration des japanischen Nationalismus im Jahre 1868 wurde der Shintoismus zur Staatsreligion erhoben und über den Buddhismus gestellt.

3. Der Buddhismus in Tibet

In Tibet verband sich der Buddhismus mit der *Bön-Religion* der dort lebenden Stammeskulturen. Die Bön-Religion hat ihre Wurzeln im Schamanismus. Typisch für den Schamanismus ist, daß ein medial veranlagter Mensch, in der Regel ein Mann, für das Wohlergehen seines Stammes sorgt, indem er sich in Trance versetzt und mit den Geistern Kontakt aufnimmt. Er läßt sie entweder durch sich sprechen, ohne dabei die Kontrolle über sie zu verlieren, oder er begibt sich auf eine Reise in das Land der Geister und berichtet nach seiner Rückkehr von seinen Erlebnissen. Die Anlässe für die Trance des Schamanen sind

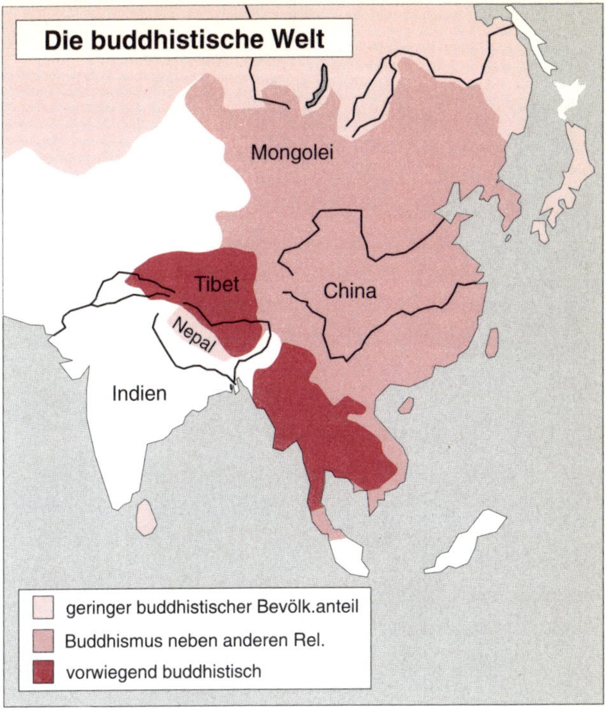

erkrankte Mitglieder des Stammes, deren Seelen aus der Gewalt der Geister befreit werden müssen, die Bannung von schadenstiftenden Dämonen, die Beeinflussung des Wetters oder die Zukunftsdeutung. Außerdem ist der Schamane dafür verantwortlich, daß die Seelen Verstorbener sicher ins Jenseits geleitet werden. Wohnorte der Geister sind überall in der Natur zu finden, so in Flüssen, Bäumen, Felsen und Erdlöchern. Allmählich wurden aus den tibetischen Schamanen Bön-Priester, die als machtvolle Magier galten.

Durch die Heirat des Königs Srongtsen Gampo (627–649 n. Chr.) mit einer nepalesischen und einer chinesischen Prinzessin kam Tibet erstmals mit dem Buddhismus in Berührung. Die Prinzessinnen hatten aus ihren Heimatländern Buddhabildnisse mitgebracht und ließen in der Hauptstadt Lhasa Tempel errichten. In diese Zeit fällt auch eine bedeutende Kulturleistung: die Schaffung einer eigenen tibetischen Schrift.

Padmasambhava, einem der größten damaligen Tantriker, gelang es dann im achten Jahrhundert, den Buddhismus in Tibet Fuß fassen zu lassen. Er war äußerst erfolgreich in den Auseinandersetzungen mit den Bön-Priestern und fand im König Trisong Detsen (755–797) einen Förderer. Bei vielen Gelegenheiten soll er den Priestern in der Beschwörung von Dämonen überlegen gewesen sein. Gemeinsam mit dem Gelehrten Shantirakshita gründete er um 780 Samye, das erste buddhistische Kloster Tibets. Auf Padmasambhava geht auch die Schule der *Nyingmapa* (»die Schule der Alten«) zurück. Die Nyingmapa übersetzten die buddhistischen Schriften ins Tibetische. Dabei arbeiteten sie so genau, daß heute mit Hilfe dieser Übersetzungen die zum Teil verlorengegangenen Originalwerke rekonstruiert werden können.

Das Vordringen von buddhistischen Mönchen nach Zentraltibet zwang die Bön-Priester, ihre eigene Lehre zu systematisieren. Sie nahm in vielem – unter anderem bis hin zur Einteilung des Schriftkanons und zur Deutung von Bildnissen – eine ähnliche Gestalt an wie das buddhistische Lehrgebäude. Der Buddhismus seinerseits übernahm zahlreiche Elemente der Bön-Religion, wie Totenzeremonien, Orakel und Mysterienspiele. Noch heute bestehen trotz der chinesischen Okkupation Tibets Bön-Religion und Vajrayana nebeneinander.

Eine Neuschöpfung des tantrischen Buddhismus, dessen Schwerpunkt in Tibet liegt, ist die Lehre von den fünf Buddhas, die um 750 n. Chr. eingeführt wurde. Schon vorher hatte das Mahayana eine Vielzahl von Bodhisattvas angenommen. Aber von diesen unterscheiden sich die fünf Buddhas insofern, als sie sich nie im Geburtenkreis-

Vajrayana

Das »Diamantfahrzeug« (von Vajra, Diamantzepter) war in Nordindien aus dem *Mahayana* heraus entstanden. Es legt das Schwergewicht auf die geistige Vorstellungskraft, weshalb Rituale und Darstellungen von Buddhas, Dämonen und Schutzgottheiten reichlich Verwendung finden. Dies erwies sich in Tibet als Vorteil, da der Schamanismus und die Bön-Religion ebenfalls eine Vielzahl von übernatürlichen Wesen kennen. Die Bevölkerung wurde also nicht mit völlig neuen Gedanken konfrontiert. Manchmal wird das tibetische Vajrayana auch als Lamaismus bezeichnet, weil der Lama (Lehrer) wegen der schwierigen und nicht immer ungefährlichen Meditationstechniken für den Schüler sehr wichtig ist. Außerdem verkörpert er als geistliche Autorität die Lehre des Buddha.

lauf vervollkommnen mußten, sondern von Anfang an immer Buddhas waren. Jedem von ihnen werden ganz bestimmte makro- und mikrokosmische Attribute und Symbole zugeschrieben, woran sie in bildlichen und figürlichen Darstellungen erkennbar sind. Dieses einflußreichste mythologische System des Tantrismus setzt die fünf Buddhas mit allen Elementen des Universums in Verbindung. Demnach ist etwa der historische Buddha die menschliche Form des kosmischen Buddha Amitabha. In gewisser Weise dreht der tantrische Buddhismus die frühere Lehre um. Das Mahayana war der Ansicht, die Buddhas und Bodhisattvas gingen aus der letzten Wirklichkeit hervor. Jetzt heißt es, daß die letzte Wirklichkeit ein Produkt der fünf Buddhas sei. Manchmal wird noch ein »Ur-Buddha« (Adibuddha) hinzugefügt, der seinerseits die Ursache der fünf Buddhas sein soll und sie aus

Die fünf Buddhas

	Vairocana	*Akshobhya*
Bodhisattva	Samantabhadra	Vajrapani
Menschlicher Buddha	Krakucchanda	Kanakamuni
Zeitalter	Vergangenheit	Vergangenheit
Symbol	Dharmachakra (Rad der Lehre)	Vajra (Diamantzepter)
Element	Äther	Wasser
Farbe	weiß	blau
Tier	Löwe	Elefant
Daseinsfaktor	Bewußtsein	Körper

sich hervorgehen ließ. Je nach der Schulrichtung steht der Adibuddha an erster Stelle oder wechselweise einer der fünf Buddhas.

Unter dem tibetischen König Lang Darma büßte der Buddhismus seine Vorrangstellung wieder ein. Die Bereicherung der Klöster und des Adels hatte die Bevölkerung zunehmend verarmen lassen. Daher billigte sie deren Enteignung und Verfolgung durch Lang Darma, der selbst Anhänger der Bön-Religion war. Ein als Bön-Priester verkleideter buddhistischer Mönch soll den König 842 ermordet haben. Die Verehrung dieses Mönchs zeigt, daß auch im Buddhismus die Verteidigung der Religion über dem Gebot der Gewaltlosigkeit stehen kann. Nach der Ermordung Lang Darmas zerfiel Tibet in mehrere Kleinfürstentümer.

Im 11. Jahrhundert wurde der Buddhismus zum zweiten Mal in Tibet verbreitet, diesmal mit nachhaltigem Erfolg. Angeregt durch die Impulse aus den buddhisti-

Ratnasambhava	*Amitabha*	*Amoghasiddhi*
Ratnapani	Avalokiteshvara	Vishvapani
Kashyapa	Shakyamuni	Maitreya
Vergangenheit	Gegenwart	Zukunft
Ratna (Juwel)	Padma (Lotus)	Vishvavajra (Diamantzepterkreuz)
Erde	Feuer	Luft
gelb	rot	grün
Pferd	Pfau	Vogel
Empfindung	Wahrnehmung	Triebkräfte

schen Universitäten in Indien entstanden bis zum 13. Jahrhundert verschiedene Schulrichtungen.

Die *Sakyapa* gehen auf den Übersetzer Dogmi (992–1072) zurück. Sie schufen den ersten Priesterstaat und gründeten mit ihrem Kloster Sakya (»graue Erde«) ein Kunst- und Kulturzentrum. Da die Äbte heiraten durften, gab es eine natürliche Erbfolge. 1249 setzte der Mongole Kublai Khan die Sakyapa als weltliche Herrscher über Tibet ein.

Die *Kargyüpa* standen in der Tradition der Yogacara-Schule und beschäftigten sich vorrangig mit esoterischem Wissen – Yogatechniken und außergewöhnlichen Bewußtseinszuständen –, das unmittelbar vom Meister auf den Schüler übertragen wurde. Ihr Gründer Marpa (1012–1097) hatte in Nalanda studiert. Sein Nachfolger Milarepa (1040–1123) wurde zum berühmtesten Dichter und Mystiker Tibets.

Die *Kadampa* konnten sich nur bis zum 15. Jahrhundert

als eigenständige Schule halten. Ihr geistiger Vater, der Bengale Atisha (980–1055), bürgerte das *Kalachakra*-System ein. Vermutlich aus der Astrologie entstanden und in Indien zu einem religiösen Lehrsystem erweitert, wurde das Kalachakra (»Rad der Zeit«) zur Grundlage des tibetischen Kalenders. Es lehrt die Einheit von Makro- und Mikrokosmos und weist dem Tantriker den Weg über die Vereinigung der Polaritäten in den Bereich der Formlosigkeit und Leere und damit letztendlich zum Nirwana.

Die *Gelugpa* (»die Tugendhaften«) gingen aus der Kadampa-Schule hervor. Der Reformator Tsongkhapa (1357–1419) verurteilte die Lockerung der Mönchsdisziplin und die Ausuferungen der tantrischen und magischen Rituale. Außerdem hatten sich im 14. Jahrhundert die verschiedenen Orden immer mehr aufgesplittert; gleichzeitig bemühten sie sich stark um die weltliche Macht. Tsongkhapa achtete streng auf die Einhaltung der Ordensregeln und ließ die Mönche wieder das altbuddhistische gelbe Gewand tragen. Deshalb sind die Gelugpa auch als »Gelbmützen« bekannt, im Unterschied zu den »Rotmüt-

Dalai Lama

Dalai bedeutet »Ozean«, Lama »Lehrer«. Der erste »Weltmeerlehrer« wurde im 15. Jahrhundert von den Mongolen, die damals die Schutzherren Tibets waren, inthronisiert. 1642 übernahm der fünfte Dalai Lama auch die Regierungsgewalt und bestimmte einen anderen Großlama zum geistlichen Oberhaupt. Dieser erhielt den Namen Panchen Rinpoche (»Großer Lehrer«). In der Folgezeit waren die Dalai Lamas die weltlichen und die Panchen Rinpoches die geistlichen Herren Tibets. Ersterer galt als die Inkarnation des Bodhisattvas Avalokiteshvara, letzterer als die des Buddha Amitabha.

zen« der anderen Schulen. Mit ihnen begann die Zeit der *Dalai Lamas*.

Nach dem Tod eines Dalai Lamas oder eines Panchen Rinpoches wurde mittels Orakelbefragung, Prophezeiungen und Visionen nach einem männlichen Kind gesucht, in dem sich Avalokiteshvara bzw. Amitabha wiederverkörpert haben sollten. War das Kind nach einer oft schwierigen Suche gefunden worden – es mußte zum Beispiel Gegenstände aus dem persönlichen Besitz des verstorbenen Oberhauptes identifizieren können –, wurde es von Mönchen erzogen und auf seine zukünftige Aufgabe vorbereitet. Der heute lebende 14. Dalai Lama, der 1959 vor den Chinesen nach Indien floh, gilt nach einer Weissagung als der letzte in dieser Inkarnationsreihe.

4. Der Buddhismus in Deutschland

»Wenn Eisenvögel durch die Luft fliegen, wird sich der Buddhismus nach Westen wenden.« So lautet eine Weissagung Padmasambhavas, der die Lehre des Buddha im achten Jahrhundert nach Tibet gebracht hatte. Gut 1000 Jahre später war es dann soweit. Auf der Grundlage von Übersetzungen buddhistischer Schriften durch jesuitische Missionare und von Reiseberichten begannen europäische Philosophen, sich mit dieser fernöstlichen Religion zu beschäftigen. Es waren vor allem deutsche Denker und Sprachwissenschaftler, die sich damit auseinandersetzten und erstmals die Quellentexte im Original studierten. Da anfangs nur spärliche Informationen vorhanden waren und die neuen Ideen an christlichen Vorstellungen gemessen wurden, konnten Fehldeutungen nicht ausbleiben. Aber das Interesse war groß, und fast alle bedeutenden Philosophen wie Kant, Herder, Schelling oder Hegel nahmen daran Anteil. Besonders intensiv widmete sich Arthur Schopenhauer (1788–1860) dem Studium des Buddhismus, in dem er eine Bestätigung seiner eigenen Anschauungen sah. Ungeachtet der Tatsache, daß er manche Begriffe mißverstand, kann er als der Wegbereiter des Buddhismus im Abendland bezeichnet werden. Unter den Gebildeten jener Zeit fand seine pessimistische Deutung großen Anklang, weil sie dem herrschenden Lebensgefühl entsprach. Der erste deutsche Lehrstuhl für Sanskrit und Indologie wurde 1818 in Bonn eingerichtet.

Die 1875 in New York ins Leben gerufene Theosophische Gesellschaft verbreitete durch eine rege Publikations- und Vortragstätigkeit buddhistisches Gedankengut in bürgerlichen Kreisen. Helena P. Blavatsky und Henry Steel Olcott, die Gründer der Gesellschaft, vertraten allerdings einen »esoterischen« Buddhismus, der mehr auf persönlichen Eingebungen und willkürlichen Konstruktionen beruhte als auf nachprüfbaren Fakten. Ihrer Meinung nach war der Buddhismus die »Urreligion« und beinhaltete ein geheimes Wissen, das nur Eingeweihten zugänglich war. Viele Bildungsbürger fühlten sich dadurch jedoch angesprochen.

Internationale Beachtung erhielt der Buddhismus durch das 1893 in Chikago abgehaltene »Weltparlament der Religionen«, in dem Vertreter der verschiedenen Gemeinschaften Vorträge hielten und miteinander debattierten. Um die Jahrhundertwende ließen sich auch die ersten Europäer in Asien als Mönche ordinieren. Der deutsche Musiker Anton W. F. Gueth (1878–1957) nahm auf Ceylon den Mönchsnamen Nyanatiloka an und entfaltete durch Lehrtätigkeiten, Übersetzungen und Initiationen weiterer Europäer eine wichtige Wirkung auch auf sein ehemaliges Heimatland.

Dort gaben immer mehr Einzelforscher und Gesellschaften Bücher und Zeitschriften heraus; so versuchten sie, ihre Landsleute mit der buddhistischen Lehre anzufreunden. Besonders unter Akademikern war es Mode, mit Hilfe dieser »Religion der Vernunft« aufklärerische

Kritik am Christentum zu üben. Bezugspunkt war der Theravada-Buddhismus, weil er angeblich die ursprüngliche und noch nicht von volkstümlichen Elementen überlagerte Lehre des Buddha widerspiegelte.

Nachdem während der nationalsozialistischen Herrschaft die Aktivitäten der deutschen Buddhisten nahezu zum Erliegen gekommen waren, schlossen sich ab den fünfziger Jahren einzelne Gemeinschaften zu Dachorganisationen zusammen. Jetzt waren auch andere Richtungen als nur die des Theravada vertreten. Eugen Herrigels Bücher über den Zen-Buddhismus wurden zu Bestsellern und die japanische »Wahre Schule des Reinen Landes« gewann einige, wenn auch nur wenige Mitglieder. Das Interesse steigerte sich in den sechziger und siebziger Jahren unter dem Einfluß der Hippiebewegung und des zunehmenden Wunsches nach Selbsterfahrung. Auf der Suche nach einer alternativen Religiosität reisten viele nach Asien, und umgekehrt kamen tibetische, japanische und chinesische Buddhisten in den Westen. Ihre Meditationskurse und Wochenendseminare waren häufig ausgebucht, das eigene Praktizieren hatte nun Vorrang vor der bis dahin überwiegenden theoretischen Vermittlung.

Seit Beginn der achtziger Jahre erhöhte sich die Vielfalt der buddhistischen Richtungen beträchtlich. Tibetische und später auch vietnamesische Flüchtlinge, die sogenannten »Boat-People«, kamen in größerer Anzahl nach Deutschland und ließen sich an verschiedenen Orten nieder. Sie errichteten Tempel, Andachtsstätten und Meditationszentren. Presse- und Fernsehberichte, wie zum Beispiel anläßlich der Verleihung des Friedensnobelpreises an den Dalai Lama im Jahre 1989, und eine stetig wachsende Literatur machten eine breitere Öffentlichkeit mit dem buddhistischen Glauben bekannt. Heutzutage präsentiert sich der Buddhismus in Deutschland mit einem weiten Spektrum seiner unterschiedlichen Traditionen.

Die meisten Organisationen und Gruppen gehören der

Buddhistisches Bekenntnis der deutschen Gemeinschaften

Ich bekenne mich zum Buddha als meinem unübertroffenen Lehrer, denn er hat die Vollkommenheiten verwirklicht und ist aus eigener Kraft den Weg zur Befreiung und Erleuchtung gegangen. Aus dieser Erfahrung hat er die Lehre dargelegt, damit auch wir die endgültige Leidfreiheit erlangen können.

Ich bekenne mich zur Lehre des Buddha, denn sie ist klar, zeitlos und lädt jeden ein, sie zu prüfen, sie im Leben anzuwenden und zu verwirklichen.

Ich bekenne mich zur Gemeinschaft der Jünger des Buddha, die sich ernsthaft um die Verwirklichung seiner Lehre bemühen, um die verschiedenen Stufen der inneren Erfahrung und des Erwachens zu verwirklichen. Sie dienen mir als Vorbild.

Ich habe festes Vertrauen zu den Vier Edlen Wahrheiten. Sie besagen: Das Leben im Daseinskreislauf ist letztendlich leidvoll. Dies ist zu durchschauen. Ursachen des Leidens sind Gier, Haß und Verblendung. Sie sind zu überwinden. Erlöschen die Ursachen, erlischt das Leiden. Dies ist zu verwirklichen. Zum Erlöschen des Leidens führt ein Weg, der Edle Achtfache Weg. Er ist zu begehen.

Ich bekenne mich zur Einheit aller Buddhisten, denn wir folgen unserem gemeinsamen Lehrer und sind bestrebt, seine Lehre zu verwirklichen: Ethisches Verhalten, Sammlung und Weisheit wollen wir entwickeln, um Befreiung zu erlangen. In diesem Bewußtsein begegne ich allen Mitgliedern dieser Gemeinschaft mit Achtung und Offenheit.

Ich will mich bemühen, keine Lebewesen zu töten oder zu verletzen, Nichtgegebenes nicht zu nehmen, keine unheilsamen sexuellen Beziehungen zu pflegen, nicht zu lügen oder unheilsam zu reden, mir nicht durch berauschende Mittel das Bewußtsein zu trüben. Zu allen Wesen will ich unbegrenzte Liebe, Mitgefühl, Mitfreude und Gleichmut entfalten, im Wissen um das Streben aller Lebewesen nach Glück.

Deutschen Buddhistischen Union (DBU) an. Ihre 27 Mitgliedsverbände umfassen ca. 95 Prozent der in Deutschland lebenden Buddhisten. Als reiner Dachverband hat die 1958 gegründete DBU die Kontaktpflege zwischen den einzelnen Gemeinschaften, die Ausrichtung eines jährlichen Treffens, die Herausgabe einer Zeitschrift sowie die Regelung allgemeiner organisatorischer Fragen übernommen. Mitte der achtziger Jahre scheiterte der Versuch, als Körperschaft des Öffentlichen Rechts anerkannt und damit den christlichen Kirchen rechtlich gleichgestellt zu werden. Ein Grund für die Ablehnung des Antrags war die zu geringe Mitgliederzahl.

Die Vertreter der ungefähr 40.000 asiatischen Buddhisten in Deutschland konnten sich bisher nicht entschließen, der DBU beizutreten. Meinungsverschiedenheiten gibt es unter anderem bezüglich der Stellung der Laien. Während die europäischen Buddhisten die Unterschiede zwischen Mönchen und Laien kaum hervorheben, bestehen viele ihrer asiatischen Glaubensgenossen auf der Beibehaltung und der formalen Fixierung der traditionellen Zweiteilung. Innerhalb der deutschen buddhistischen Gemeinschaften, die insgesamt ca. 20.000 Mitglieder zählen, war jedoch trotz aller Differenzen in einigen Punkten der Lehre die Verständigung auf ein gemeinsames Bekenntnis möglich.

Es bleibt jedoch abzuwarten, ob der Buddhismus über ein momentanes Interesse hinaus im Westen Boden gewinnen kann. Die Unzufriedenheit vieler Menschen mit bestehenden religiösen Heilsangeboten, vorrangig denen des Christentums, läßt den Buddhismus nicht zwangsläufig als eine brauchbare Alternative erscheinen. Denn er fordert mehr als eine psychologisch verstandene Selbsterkenntnis, auch verspricht er keinen leichten Weg zur Erlösung. So einleuchtend die Vier Edlen Wahrheiten klingen, so schwierig ist es, sie wirklich zu verstehen. Der Buddha war sich dieses Problems bewußt und veranschaulichte es mit einem Beispiel: »Es ist nicht einfach, aus großer Entfernung einen Pfeil durch ein enges Schlüsselloch zu schießen; es ist noch weniger einfach, mit der Spitze eines hundertfach gespaltenen Haares ein ebenso oft gespaltenes Haar zu treffen und zu durchbohren; am schwierigsten aber ist es, zu der Erkenntnis zu gelangen, daß alles Leiden ist.«

Weiterführende Literatur

Baumann, Martin: Buddhisten in Deutschland. Marburg 1993.

Bechert, Heinz/Gombrich, Richard: Die Welt des Buddhismus. München 1984.

Bechert, Heinz: Buddhismus, Staat und Gesellschaft in den Ländern des Theravada-Buddhismus. 3 Bände. Frankfurt 1973.

Benz, Ernst: Zenbuddhismus und Zensnobismus. Zen in westlicher Sicht. Weilheim 1962.

Bitter, Klaus: Konversionen zum tibetischen Buddhismus. Eine Analyse religiöser Biographien. Göttingen 1988.

Bond, George D.: The Buddhist Revival in Sri Lanka. Religious Tradition, Reinterpretation and Response. South Carolina 1988.

Buddhist Society (Hrsg.): The Buddhist Directory. London [4]1987.

Conze, Edward: Der Buddhismus. Wesen und Entwicklung. Stuttgart [7]1981.

Dahlke, Paul: Buddhismus als Weltanschauung. Breslau 1912.

Dalai Lama: Das Buch der Freiheit. Bergisch Gladbach 1990.

Deutsche Buddhistische Union (Hrsg.): Adressenverzeichnis buddhistischer Gemeinschaften. Plochingen [3]1987.

Dürckheim, Graf Karlfried von: Zen und wir. Weilheim 1961.

Dumoulin, Heinrich: Begegnung mit dem Buddhismus. Eine Einführung. Freiburg 1991.

Dumoulin, Heinrich: Der Erleuchtungsweg des Zen im Buddhismus. Frankfurt 1976.

Fields, Rick: How the Swans came to the Lake. A Narrative History of Buddhism in America. Boulder 1981.

Govinda, Lama Anagarika: Grundlagen tibetischer Mystik. Frankfurt 1975.

Greschat, Hans-Jürgen/Kraatz, Martin: Buddhismus. Göttingen 1985.

Greschat, Hans-Jürgen: Die Religion der Buddhisten. München 1980.

Grimm, Georg: Die Lehre des Buddho, die Religion der Vernunft. München 1915.

Hecker, Hellmuth: Lebensbilder deutscher Buddhisten. Ein Bio-Bibliographisches Handbuch. Konstanz 1990.

Hungerleider, Fritz: Das Zen-Seminar. Ein Leitfaden für Übende und Lehrer. Freiburg 1976.

Ital, Gerda: Der Meister, die Mönche und ich im zen-buddhistischen Kloster. Weilheim 1966.

Kantowsky, Detlef: Wegzeichen. Gespräche über buddhistische Praxis. Konstanz 1991.

Khantipalo, Bhikkhu: Banner of the Arahants. Buddhist Monks and Nuns from the Buddha's time till now. Kandy 1976.
Kruckenberg, Winfried: Die Naturwissenschaften und die Lehre des Buddha. Leverkusen 1990.
Lassalle, Hugo Makibi Enomiya: Mein Weg zum Zen. München 1988.
Lehmann, Johannes: Buddha. Leben, Lehre, Wirkung. Frankfurt 1983.
Ling, Trevor 0.: The Buddha. Buddhist Civilization in India and Ceylon. London 1973.
Mendelson, E. Michael: Sangha and State in Burma. A Study of Monastic Sectarianism and Leadership. London 1975.
Notz, Klaus-Josef: Der Buddhismus in Deutschland in seinen Selbstdarstellungen. Eine religionswissenschaftliche Untersuchung zur religiösen Akkulturationsproblematik. Frankfurt 1984.
Nyanatiloka:Buddhistisches Wörterbuch. Konstanz ^{4}1989.
Oliver, Ian P.: Buddhism in Britain. London 1979.
Paul, Diana Y.: Die Frau im Buddhismus. Hamburg 1981.
Prebish, Charles S.: American Buddhism. Belmont 1979.
Pye, Michael: Skilful Means. A Concept in Mahayana Buddhism. London 1978.
Sangharakshita: Vision and Transformation. An Introduction to the Buddha's Noble Eightfold Path. Glasgow 1990.
Schumann, Hans Wolfgang: Buddhismus. Stifter, Schulen und Systeme. Olten 1976.
Schumann, Hans Wolfgang: Mahayana-Buddhismus. Die zweite Drehung des Dharma-Rades. München 1990.
Snelling, John: Buddhismus. Ein Handbuch für den westlichen Leser. München 1991.
Subhuti, Dharmachari: Was ist Buddhismus? Wien 1990.
Suzuki, Daisetz Teitaro: Die große Befreiung. Einführung in den Zen-Buddhismus. Zürich 1958.
Szczesny, Gerhard: Ein Buddha für das Abendland. Reinbek 1976.
Usarski, Frank: Die Stigmatisierung Neuer Spiritueller Bewegungen in der Bundesrepublik Deutschland. Köln 1988.

Stichwortregister

Verzeichnis der Grafiken